DÉBUT FIN DÉBUT

yehuda amichaï
יהודה עמיחי

début fin début
ראשית סוף ראשית

traduit de l'hébreu
et présenté
par
Michel Eckhard Elial

collection "paraboles"

éditions de l'éclat

traduit avec le concours de l'Institut israélien pour la traduction de la littérature hébraïque, Tel-Aviv.

Première édition: avril 2001
Deuxième édition: février 2008

TITRES ORIGINAUX

פתוח סגור פתוח

אכזיב

www.lyber-eclat.net

La bombe juive du temps

Pour Matiah, Sarine et Jonathan

C'est la boucle d'une œuvre poétique qui se referme ici par un retour aux thèmes et aux images centrales du poète Yehuda Amichaï. Tout en cernant un corps, une existence, un pays, elle l'ouvre de l'intérieur dans la chair tendre et éphémère de l'éternité ou la langue restée étrangère de l'âme. Car le poète a tout appris des choses et des paroles (une seule langue : *devarim*) : il se retrouve, poète et sage, dans la posture de Qohêlêt, du fils de David. Fort de son arrimage au lieu, il lui appartenait, en ce seuil, d'explorer d'autres horizons, de se remettre dans le pas de l'errance juive. Dès lors, les contours de sa géographie aussi bien personnelle que collective sont rendus perméables par un désir d'ailleurs. La bombe juive du temps est conjugaison des mondes et des nostalgies. Elle élargit et creuse un espace à la fois protecteur et rétréci. Si Elohim (Dieu) et Yerushalaïm (Jérusalem) sont des pluriels, c'est aussi pour témoigner de ce désir-là, bien humain, qui est dans l'intervalle, le départ, le « jeu du cœur juif » (*mits'haq levavot*).

L'histoire même, si cruellement présente, peut prendre une allure de «divertissement», de vitrine pour touristes, quand elle ignore, par-devers elle, la friabilité du temps humain. Paradoxalement, c'est à partir des cataclysmes humains et des naufrages de l'histoire que l'on peut reconstruire un soupçon de présence. Il faut creuser « pour prier dans les profondeurs/ et en ramener une maison plus grande ». Que reste-t-il du long périple juif : les volets d'une maison détruite semblables à des ailes d'ange, les valises sur l'armoire ?

Le petit terrain où le poète désirait poser son avion personnel, en toute quiétude, est finalement recouvert par l'ombre de la prophétie ordinaire à laquelle il pensait échapper: la vie est guerre et oubli, perte et cri. Rien qui ne déroge, en fin de compte, à la condition humaine et historique du poème : le poème retourne à la prière, l'homme à la poussière de la mémoire. Le rideau tombe sur le monde comme celui d'une chambre où se rejoignent les deux extrémités du proche et du lointain : à l'amour succède la mort. La poésie retrouve la mémoire des exodes et des destructions.

Evoquer la figure emblématique du juif Paul Celan traduit chez le poète israélien une hantise qu'il croyait conjurée («le feu et la fumée sont restés en moi»), et a pour conséquence la raréfaction d'une langue plus proche de la douleur que de la louange. Au bout de son œuvre et de sa vie, c'est l'expertise des regrets qui semble l'emporter sur le fragile espoir ou le désir volatile d'une parole vivante puisée au rocher de la terre promise.

Parler au monde, dans cette connaissance, permet au poète d'en réinvestir tout le sens mystique : «l'intervalle» du monde qui a lieu, dans l'histoire et la langue, devient aussi celui du monde et des mondes à venir.

*

Notre choix de poèmes reprend pour l'essentiel la structure du recueil hébraïque paru en 1998 « Patua'h sagur patua'h »), deux ans avant la disparition du poète. Il nous a semblé légitime et significatif d'intégrer, au cœur de ce voyage ultime dans la mémoire, quelques poèmes d'un recueil précédent paru en 1975 («Akhziv, Caesarea ve-ahava a'hat») auquel il semble, singulièrement, faire écho.

Michel Eckhard Elial

ouvert fermé ouvert*

פתוח סגור פתוח

(1998)

* Ces poèmes sont tirés du dernier recueil de poèmes de Yehuda Amichaï, *Patua'h sagur patua'h* (Schocken, Tel Aviv, 1998).

אֱלֹהִים הוּא מַדְרֵגוֹת שֶׁעוֹלוֹת
לְמָקוֹם שֶׁלֹּא קַיָּם שׁוּב, אוֹ שֶׁלֹּא קַיָּם עֲדַיִן
הַמַּדְרֵגוֹת הֵן אֱמוּנָתִי, הַמַּדְרֵגוֹת אַכְזָבָתִי
יַעֲקֹב אָבִינוּ יָדַע זֹאת בַּחֲלוֹמוֹ
הַמַּלְאָכִים רַק קִשְּׁטוּ אֶת מַעֲלוֹת הַסֻּלָּם
כְּמוֹ עֵץ אַשּׁוּחַ מְקֻשָּׁט בְּחַג הַמּוֹלָד
וְשִׁיר הַמַּעֲלוֹת הוּא שִׁיר הַלֵּל
לְאֵל הַמַּדְרֵגוֹת.

Dieu ce sont des marches qui montent
vers un lieu qui n'existe plus, ou qui n'existe pas encore
les marches sont ma croyance, les marches ma déception
Ya'akov notre père l'a appris dans son rêve
les anges n'ont fait que décorer les degrés de l'échelle
comme un sapin de Noël
et le chant des degrés est un chant de louange
pour le Dieu des marches.

כְּשֶׁאֱלֹהִים עָזַב אֶת הָאָרֶץ הוּא שָׁכַח אֶת הַתּוֹרָה
אֵצֶל הַיְּהוּדִים וּמֵאָז הֵם מְחַפְּשִׂים אוֹתוֹ
וְצוֹעֲקִים אַחֲרָיו, שָׁכַחְתָּ מַשֶּׁהוּ, שָׁכַחְתָּ, בְּקוֹל גָּדוֹל
וּבְנֵי אָדָם אֲחֵרִים חוֹשְׁבִים שֶׁזּוֹהִי תְּפִלָּתָם, שֶׁל הַיְּהוּדִים.
וּמֵאָז הֵם טוֹרְחִים לִמְצֹא רְמָזִים בַּתָּנָ"ךְ
עַל מְקוֹם הִמָּצְאוֹ כְּמוֹ שֶׁנֶּאֱמַר, "דִּרְשׁוּ אֲדֹנָי בְּהִמָּצְאוֹ,
קְרָאֻהוּ בִּהְיוֹתוֹ קָרוֹב". אֲבָל הוּא רָחוֹק.

Quand Dieu a quitté la terre il a oublié la Loi
auprès des Juifs et c'est depuis qu'ils le cherchent
et l'interpellent à grands cris : tu as oublié quelque chose,
tu as oublié,
et les autres hommes pensent que ces cris sont
la prière des Juifs.
C'est depuis qu'ils s'acharnent à trouver dans la Bible
des indices
du lieu où il se trouve comme il est dit : « Demandez à Dieu
où il se trouve,
appelez-le pour qu'il soit proche. » Mais il est loin.

גַּם לִתְפִלַּת יָחִיד צְרִיכִים שְׁנַיִם:
תָּמִיד אֶחָד שֶׁמִּתְנוֹעֵעַ
וְהַשֵּׁנִי שֶׁלֹּא נָע הוּא הָאֱלֹהִים.
אֲבָל כְּשֶׁאָבִי הִתְפַּלֵּל הוּא עָמַד בִּמְקוֹמוֹ
זָקוּף וּבְלִי נוֹעַ וְהִכְרִיחַ אֶת הָאֱלֹהִים לָנוּעַ
כְּמוֹ סוּף וּלְהִתְפַּלֵּל אֶל אָבִי.

Même pour prier seul il faut être deux :
toujours un qui se balance
et le second qui ne se balance pas c'est Dieu.
Mais quand mon père priait il restait debout à sa place
tout droit et immobile, obligeant Dieu à se balancer
comme un roseau et à prier vers mon père.

אַחֲרֵי אוֹשְׁוִיץ אֵין תֵּיאוֹלוֹגְיָה:
מֵאֲרֻבּוֹת הַוָּתִיקָן עוֹלֶה עָשָׁן לָבָן,
סִימָן שֶׁהַקַּרְדִּינָלִים בָּחֲרוּ לָהֶם אַפִּיפְיוֹר.
מִמִּשְׂרְפוֹת אוֹשְׁוִיץ עוֹלֶה עָשָׁן שָׁחוֹר
סִימָן שֶׁהָאֱלֹהִים טֶרֶם הֶחְלִיטוּ עַל בְּחִירַת
הָעָם הַנִּבְחָר.
אַחֲרֵי אוֹשְׁוִיץ אֵין תֵּיאוֹלוֹגְיָה:
הַמִּסְפָּרִים עַל אַמּוֹת אֲסִירֵי הַהַשְׁמָדָה
הֵם מִסְפְּרֵי הַטֶּלֶפוֹן שֶׁל הָאֱלֹהִים
מִסְפָּרִים שֶׁאֵין מֵהֶם תְּשׁוּבָה
וְעַכְשָׁו הֵם מְנֻתָּקִים, אֶחָד, אֶחָד.

אַחֲרֵי אוֹשְׁוִיץ יֵשׁ תֵּיאוֹלוֹגְיָה חֲדָשָׁה:
הַיְּהוּדִים שֶׁמֵּתוּ בַּשּׁוֹאָה
נַעֲשׂוּ עַכְשָׁו דּוֹמִים לֵאלֹהֵיהֶם
שֶׁאֵין לוֹ דְּמוּת הַגּוּף וְאֵין לוֹ גּוּף.
אֵין לָהֶם דְּמוּת הַגּוּף וְאֵין לָהֶם גּוּף.

Après Auschwitz il n'y a pas de théologie :
la fumée blanche qui sort des cheminées du Vatican
signifie que les cardinaux se sont choisis un pape.
C'est une fumée noire qui monte des crématoires d'Auschwitz
pour dire que Dieu ne s'est pas encore décidé sur le choix
du peuple élu.
Après Auschwitz il n'y a pas de théologie :
les matricules aux bras des prisonniers de l'extermination
sont les numéros de téléphone de Dieu
des numéros sans réponse
aujourd'hui déconnectés, les uns après les autres.

Après Auschwitz il y a une nouvelle théologie :
les Juifs morts dans la Shoah
sont devenus maintenant semblables à leur Dieu
qui n'a pas d'image et qui n'a pas de corps.
Ils n'ont pas d'image et ils n'ont pas de corps,
ils n'ont pas de corps.

וְעַד הַיּוֹם הַזֶּה, אֲנִי לִפְעָמִים מַאֲמִין עֲדַיִן
כְּמוֹ אָז. כְּשֶׁשַּׁרְנוּ "זֶה יִהְיֶה קְרָב אַחֲרוֹן" הֶאֱמַנְתִּי
וּכְשֶׁאָמְרוּ לִי "זוֹ הַסְּעוּדָה הָאַחֲרוֹנָה" הֶאֱמַנְתִּי. וְחַיַּי מָלְאוּ
מֵאָז בִּקְרָבוֹת אַחֲרוֹנִים וּבִסְעוּדוֹת אַחֲרוֹנוֹת (כְּמוֹ
בַּקָּשָׁה אַחֲרוֹנָה שֶׁל נִדּוֹן לַמָּוֶת.) וּכְשֶׁאוֹמְרִים "רֹאשׁ הַשָּׁנָה"
אֲנִי זוֹכֵר לִפְעָמִים רַק אֶת הָרֹאשׁ וְלֹא הַיָּדַיִם וְהָרַגְלַיִם שֶׁל הַזְּמַן
הַחוֹלֵף. וּמִדַּת הַדִּין וּמִדַּת הָרַחֲמִים הָיוּ כְּמוֹ
מִדַּת נַעֲלַיִם, וְעַד הַיּוֹם הַזֶּה אֲנִי קוֹנֶה נַעֲלַיִם גְּדוֹלוֹת
מִדַּי שֶׁלֹּא יִלְחֲצוּ אֶת רַגְלַי. אֲנִי כְּבָר יוֹדֵעַ מַה נִּשְׁתַּנָּה
וּמַדּוּעַ הִשְׁתַּנָּה. וַאֲנִי כְּבָר יוֹדֵעַ מִי אָכַל מִצַּלַּחְתִּי
וּמִי זֶה יָשֵׁן בְּמִטָּתִי. וּכְשֶׁאָמְרוּ לִי "אָשׁוּב" אֲנִי עֲדַיִן
מְחַכֶּה עַכְשָׁו וּכְשֶׁאָמְרוּ לִי "לֹא אָשׁוּב לְעוֹלָם"
אֲנִי עֲדַיִן מְחַכֶּה עַכְשָׁו. וּכְשֶׁאָמְרוּ לִי "אַל תִּשְׁאַל"
הִתְחַלְתִּי לִשְׁאֹל וְלֹא הִפְסַקְתִּי מֵאָז לִשְׁאֹל.

Aujourd'hui encore, il m'arrive de croire
comme autrefois. Que nous chantions « c'est la lutte finale »
ou que nous disions « c'est le dernier repas », j'y croyais.
Depuis, ma vie
s'est remplie de luttes finales et de derniers repas (comme
le dernier vœu du condamné à mort). Et quand on dit
Rosh ha-shana, la « tête de l'année »,
il n'y a que la tête dont je me souvienne, mais pas
les mains et pas les jambes
du temps qui passe. Les mesures de justice ou de miséricorde
étaient comme
des mesures de chaussures : aujourd'hui encore
j'achète des chaussures
plus grandes qui ne me serrent pas les pieds. Je sais déjà
ce qui a changé
et pourquoi. Je sais déjà qui a mangé dans mon assiette
et qui a dormi dans mon lit. Et si on me dit « je reviendrai »
j'attends encore
et quand on m'a dit « je ne reviendrai plus », j'attends
encore et quand on m'a dit « ne pose pas de questions »
j'ai commencé à en poser et je ne me suis jamais arrêté.

אֲנִי רוֹצָה לִחְיוֹת עַד שֶׁגַּם הַמִּלִּים בְּפִי לֹא יִהְיוּ עוֹד
אֶלָּא תְּנוּעוֹת וְעִצּוּרִים, אוּלַי רַק תְּנוּעוֹת, רַק צְלִילִים רַכִּים
הַנֶּפֶשׁ שֶׁבְּתוֹכִי הִיא עַכְשָׁו הַשָּׂפָה הַזָּרָה הָאַחֲרוֹנָה שֶׁאֲנִי לוֹמֵד.
וַאֲנִי רוֹצָה לִחְיוֹת עַד שֶׁכָּל הַמִּסְפָּרִים יִהְיוּ קְדוֹשִׁים,
לֹא רַק אַחַת, לֹא רַק שֶׁבַע וְלֹא רַק שְׁתֵּים־עֶשְׂרֵה לֹא רַק שָׁלֹשׁ,
אֶלָּא כָּל הַמִּסְפָּרִים, עֶשְׂרִים וּשְׁלֹשָׁה הַנּוֹפְלִים בְּקֶרֶב חוּלֵיקָאת
שִׁבְעָה־עָשָׂר קִילוֹמֶטְרִים לַמָּקוֹם הַקָּסוּם, שְׁלֹשִׁים וְאַרְבָּעָה
לֵילוֹת, מֵאָה עֶשְׂרִים וְתִשְׁעָה יְמֵי חֶסֶד, אֶלֶף וּשְׁלֹשׁ מֵאוֹת שְׁנוֹת
מְהִירוּת הָאוֹר, אַרְבָּעִים וּשְׁלֹשָׁה רִגְעֵי אֹשֶׁר
(וּמִסְפַּר שְׁנוֹת חַיֵּי עֲדַיִן X). הִיסְטוֹרְיָה שֶׁל אַרְבַּעַת אַלְפֵי
שָׁנִים בְּאַרְבָּעִים וְחָמֵשׁ דַּקּוֹת שֶׁל מִבְחַן סוֹפִי בְּבֵית סֵפֶר.
וְאֵין מִסְפָּר לַיָּמִים וְלַלֵּילוֹת — וְיִהְיֶה מִסְפָּר גַּם לָהֶם —
וְגַם הָאֵין־סוֹף יִהְיֶה קָדוֹשׁ וְאָז אָנוּחַ מְנוּחָה שְׁלֵמָה.

Je veux vivre jusqu'à ce que les mots de ma bouche
ne soient plus
que voyelles et consonnes, peut-être seulement des voyelles,
seulement de douces sonorités,
l'âme qui est en moi reste la dernière langue étrangère
que j'apprends.
Et je veux vivre jusqu'à ce que tous les nombres soient sacrés,
pas seulement un, ni sept ni douze ni trois,
mais tous les chiffres, les vingt-trois qui tombent
dans le combat de Huleikat,
les dix-sept kilomètres de l'endroit enchanté, les trente-quatre
nuits, les cent vingt-neuf nuits de grâce,
les mille trois cents années
lumière, les quarante-trois minutes de bonheur
(le nombre d'années de ma vie reste une inconnue).
L'histoire de
quatre mille années et de quarante-cinq minutes d'examen
final à l'école.
Il n'y a pas de nombre pour les jours et les nuits —
ils en auront aussi —
et quand l'infini sera sacré, j'aurai le repos définitif.

כָּךְ עוֹבֶרֶת הַתְּהִלָּה כְּמוֹ רַכֶּבֶת אֲרֻכָּה שֶׁאֵין
לָהּ סוֹף וְאֵין לָהּ הַתְחָלָה, בְּלִי רֵאשִׁית, בְּלִי תַּכְלִית.
וַאֲנִי תָּמִיד עוֹמֵד בַּצַּד וְהַמַּחְסוֹם מוּרָד וְרוֹאֶה הַכֹּל:
קְרוֹנוֹת נוֹסְעִים וּקְרוֹנוֹת הִיסְטוֹרְיָה, קְרוֹנוֹת
עֲמוּסֵי מִלְחָמָה, וּקְרוֹנוֹת גְּדוּשֵׁי בְּנֵי אָדָם
לְהַשְׁמָדָה, וְחַלּוֹנוֹת עִם פְּנֵי נִפְרָדִים וְנִפְרָדוֹת, וְאֲשֶׁר נוֹסְעִים
וִימֵי הֻלֶּדֶת וּשְׁעוֹת מָוֶת וְתַחֲנוּנִים
וְרַחֲמִים וְהַרְבֵּה קְרוֹנוֹת רֵיקִים וַחֲלוּלִים.
כָּךְ עוֹבְרִים יְלָדַי אֶל עֲתִידָם
כָּךְ עָבַר אֲדֹנָי עַל פְּנֵי מֹשֶׁה בַּמִּדְבָּר הַגָּדוֹל
וְהוּא לֹא רָאָה אֶת פָּנָיו וְרַק צָעַק
אֲדֹנָי, אֲדֹנָי, אֵל רַחוּם וְחַנּוּן וְרַב־חֶסֶד
וֶאֱמֶת. כָּךְ עוֹבֶרֶת הַתְּהִלָּה. כָּךְ נִשְׁאָר
הַמַּחְסוֹם מוּרָד תָּמִיד, עַד סוֹף חַיַּי.

C'est ainsi que passe la louange comme un long train
sans fin ni début, ni début ni terme.
Je suis toujours à côté de la barrière baissée et je vois tout :
les wagons de voyageurs et les wagons de l'histoire, wagons
pleins de guerre, wagons bondés d'hommes
à exterminer, aux fenêtres le visage de ceux et celles
qui se séparent et partent,
jours d'anniversaire, heures de mort, prières
et miséricorde et beaucoup de wagons vides et creux.
C'est ainsi que passent mes enfants vers leur avenir
c'est ainsi que Dieu est passé sur le visage de Moïse
dans le grand désert,
il n'a pas vu son visage il n'a fait que crier
mon Dieu, mon Dieu, Dieu miséricordieux et compatissant,
plein de grâce
et plein de vérité. C'est ainsi que passe la louange.
Et que la barrière
reste toujours baissée, jusqu'à la fin de ma vie.

יָשָׁר מִן הַפַּחַד לְאַבֵּד קָפַצְתִּי לַפַּחַד לֶאֱבֹד בְּעַצְמִי,
לֹא יָכֹלְתִּי לִשְׁהוֹת דַּי זְמַן בֵּינֵיהֶם, בְּשֶׁטַח הַהֶפְקֵר
הַקָּטָן וְהַמָּתוֹק שֶׁל נֶצַח חַיֵּי הַחוֹלְפִים.
יְדֵי חִפּוּשׂ הֵן יָדַי, יְדֵי בְּדִיקָה, יְדֵי תִּקְוָה וִידֵי יֵאוּשׁ
הַמְפַשְׁפְּשׁוֹת תָּמִיד עַל שֻׁלְחָנוֹת, בֵּין נְיָרוֹת וּבִמְגֵרוֹת
וּבַאֲרוֹנוֹת וּבְבִגְדֵי יוֹדְעֵי הָאָבְדָן.
בַּיָּדַיִם הַמְחַפְּשׂוֹת אֶת אֲשֶׁר אָבַד אֲנִי מְלַטֵּף אֶת פָּנַיִךְ
וּבַיָּדַיִם הַמְפַחֲדוֹת לְאַבֵּד אֲנִי מְחַבֵּק אוֹתָךְ
וְנוֹגֵעַ סְבִיב עֵינַיִךְ, סְבִיב פִּיךְ, כְּמוֹ עִוֵּר
כְּמוֹ לִמְדֹּד כְּמוֹ לִנְדֹּד, לִמְדֹּד וְלִנְדֹּד.
כִּי יָדַיִם מְפַחֲדוֹת לְאַבֵּד הֵן הַיָּדַיִם הַיְחִידוֹת לְאַהֲבָה.

רָאִיתִי פַּעַם כַּנָּר מְנַגֵּן וְחָשַׁבְתִּי שֶׁבֵּין
יָדוֹ הַיְמָנִית וְיָדוֹ הַשְּׂמָאלִית מַפְרִיד רַק הַכִּנּוֹר,
אֲבָל אֵיזֶה מֶרְחָק וְאֵיזוֹ נְגִינָה נִפְלָאָה!

J'ai sauté tout droit de la peur de perdre à celle
de me perdre,
je n'ai pu séjourner assez de temps entre elles,
sur le petit terrain
neutre et doux de l'éternité de ma vie éphémère.
Les mains qui cherchent sont mes mains, pour vérifier,
espérer et désespérer,
elles fouillent toujours sur les tables, entre les papiers
et les tiroirs,
et dans les armoires ou mes vêtements qui connaissent
la perte.
C'est avec ces mains qui cherchent ce qui est perdu que
je caresse ton visage,
avec ces mains qui redoutent la perte que je te serre,
je touche tes yeux, ta bouche, comme un aveugle
pour mesurer pour errer, mesurer puis errer,
car les mains qui redoutent la perte
sont les seules mains pour aimer.

Le jour où j'ai vu un violoniste jouer, j'ai compris qu'entre
sa main droite et sa main gauche, la seule distance
qui les sépare
est celle du violon. Mais quelle distance et
quel son merveilleux !

אָבִי הָיָה אֱלֹהִים וְלֹא יָדַע. הוּא נָתַן לִי
אֶת עֲשֶׂרֶת הַדִּבְּרוֹת לֹא בְּרַעַם וְלֹא בְּזַעַם, לֹא בָּאֵשׁ וְלֹא בֶּעָנָן
אֶלָּא בְּרַכּוּת וּבְאַהֲבָה. וְהוֹסִיף לְטוּפִים וְהוֹסִיף מִלִּים טוֹבוֹת,
וְהוֹסִיף "אָנָּא" וְהוֹסִיף "בְּבַקָּשָׁה". וְזִמֵּר זָכוֹר וְשָׁמוֹר
בְּנִגּוּן אֶחָד וְהִתְחַנֵּן וּבָכָה בְּשֶׁקֶט בֵּין דִּבֵּר לְדִבֵּר,
לֹא תִּשָּׂא שֵׁם אֱלֹהֶיךָ לַשָּׁוְא, לֹא תִּשָּׂא, לֹא לַשָּׁוְא,
אָנָּא, אַל תַּעֲנֶה בְּרֵעֲךָ עֵד שָׁקֶר. וְחִבֵּק אוֹתִי חָזָק וְלָחַשׁ בְּאָזְנַי,
לֹא תִּגְנֹב, לֹא תִּנְאַף, לֹא תִּרְצָח. וְשָׂם אֶת כַּפּוֹת יָדָיו הַפְּתוּחוֹת
עַל רֹאשִׁי בְּבִרְכַּת יוֹם כִּפּוּר. כַּבֵּד, אֱהַב, לְמַעַן יַאֲרִיכוּן יָמֶיךָ
עַל פְּנֵי הָאֲדָמָה. וְקוֹל אָבִי לָבָן כְּמוֹ שְׂעַר רֹאשׁוֹ.
אַחַר־כָּךְ הִפְנָה אֶת פָּנָיו אֵלַי בַּפַּעַם הָאַחֲרוֹנָה
כְּמוֹ בַּיּוֹם שֶׁבּוֹ מֵת בִּזְרוֹעוֹתַי וְאָמַר: אֲנִי רוֹצֶה לְהוֹסִיף
שְׁנַיִם לַעֲשֶׂרֶת הַדִּבְּרוֹת:
הַדִּבֵּר הָאַחַד־עָשָׂר, "לֹא תִּשְׁתַּנֶּה"
וְהַדִּבֵּר הַשְּׁנֵים־עָשָׂר, "הִשְׁתַּנֵּה, תִּשְׁתַּנֶּה"
כָּךְ אָמַר אָבִי וּפָנָה מִמֶּנִּי וְהָלַךְ
וְנֶעְלַם בְּמֶרְחַקָּיו הַמּוּזָרִים.

Mon père était Dieu et ne le savait pas. Il ne m'a pas donné
les Dix Commandements dans le tonnerre et la colère,
le feu et la nuée
mais dans la tendresse et l'amour avec la caresse
et la douceur des mots,
et les « Supplications ». Il chantait sur un air:
« Souviens-toi et observe. » Il suppliait et pleurait en silence
entre les Commandements :
tu ne prononceras pas en vain le nom de ton Dieu, pas en vain, s'il te plaît,
tu ne porteras pas de faux témoignage contre ton proche. Il me serrait fort en murmurant :
tu ne voleras pas, tu ne seras pas adultère, tu ne tueras pas.
Il posait ses mains ouvertes
sur ma tête pour la bénédiction de Yom Kippour. Respecte, aime, pour que tes jours
se prolongent sur terre. Et la voix de mon père était aussi blanche que ses cheveux.
Puis il a tourné son visage vers moi pour la dernière fois
comme le jour où il est mort dans mes bras : je veux ajouter
deux autres Commandements.
Le onzième : tu ne changeras pas.
Et le douzième : change, tu changeras.
C'est ce qu'a dit mon père, et il s'est détourné de moi,
il s'en est allé
et a disparu dans ses étranges lointains.

אֲנִי שׁוֹאֵל אֶת עַצְמִי בְּאֵיזוֹ מְהִירוּת מַגִּיעִים אֵלַי
הַדְּבָרִים שֶׁהָיוּ בֶּעָבָר, בִּמְהִירוּת מֵי שְׁלָגִים
שֶׁמַּגִּיעִים מִן הַחֶרְמוֹן אֶל יָם הַמֶּלַח אוֹ בִּמְהִירוּת
זֶרֶם לָבָה אִטִּי וְכָבֵד מֵהִתְפָּרְצוּת הַר גַּעַשׁ
אוֹ בִּמְהִירוּת נְטִיפִים בִּמְעָרוֹת נְטִיפִים.
אֵינֶנִּי יוֹדֵעַ. עַל שֻׁלְחָנִי יֵשׁ אֶבֶן שְׁבוּרָה
שֶׁכָּתוּב עָלֶיהָ אָמֵן, אֶבֶן מִקֶּבֶר יְהוּדִי לִפְנֵי אֶלֶף שָׁנִים.
עַכְשָׁו הִיא עַל שֻׁלְחָנִי וּמַחֲזִיקָה נְיָרוֹת שֶׁלֹּא יָעוּפוּ
וְהִיא עַצְמָהּ קִשּׁוּט, צַעֲצוּעַ גּוֹרָל וְהִיסְטוֹרְיָה.
עַל שֻׁלְחָנִי יֵשׁ רְסִיס שֶׁל רִמּוֹן יָד
שֶׁלֹּא הָרַג אוֹתִי וְהוּא עַצְמוֹ חָפְשִׁי כְּמוֹ פַּרְפַּר.

Je me demande à quelle vitesse m'arrivent
les choses du passé, à la vitesse des eaux de neige
qui descendent du Hermon vers la Mer Morte ou à la vitesse
d'une coulée de lave lourde et lente après l'éruption
d'un volcan
ou à la vitesse des gouttes d'eau dans une grotte.
Je l'ignore. Sur ma table il y a une pierre brisée
où est écrit Amen, pierre d'une tombe juive d'il y a mille ans.
Posée sur les papiers pour les retenir
elle est un ornement, jouet du destin et de l'histoire.
Sur ma table, l'éclat de grenade
qui ne m'a pas tué est libre comme un papillon.

אֲנִי גּוֹר גּוֹרָל, גַּרְגְּרָן גּוֹרָל, אֲנִי גָּר בַּגּוֹרָל
וַאֲנִי גֵּר בַּגּוֹרָל. כְּשֶׁפָּשַׁטְתִּי אֶת בְּגָדַי בְּטֶרֶם שֵׁנָה,
נָשַׁר מַטְבֵּעַ מִכִּיס מִכְנָסַי עַל הָרִצְפָּה,
וְלֹא יָדַעְתִּי שֶׁהַמַּטְבֵּעַ הַמְצַלְצֵל הַזֶּה קָבַע
אוּלַי אֶת גּוֹרַל חַיַּי וְאֶת הֶמְשֵׁךְ חַיַּי.
אֲנִי קֻבִּיָּה בְּמִשְׂחַק הַגּוֹרָל, פָּנַי לְמַעְלָה
אוֹ פָּנַי לְמַטָּה. אֵיךְ שֶׁאֲנִי נוֹפֵל אֲנִי קוֹבֵעַ גּוֹרָל
לְעַצְמִי וְגַם לַאֲחֵרִים.
וְלֹא יָדַעְתִּי שֶׁמִּתְּוֵי פָּנַי וּמִן הַקְּמָטִים
מִישֶׁהוּ יַעֲשֶׂה לוֹ מַפָּה לְטִיּוּלִים וְאוּלַי לְמִלְחָמוֹת,
זְמַן רַב אַחֲרַי. וְגַם הוּא לֹא יֵדַע.

Je suis enfant du destin, gourmand du destin, riverain
et étranger habitant le destin. Quand je me déshabille
avant de dormir,
une pièce tombe de la poche de mon pantalon sur le sol,
je ne sais pas que cette espèce sonnante fixe
peut-être le destin et la suite de ma vie.
Je suis un dé à jouer au destin, face vers le haut
ou vers le bas. Quand je retombe je fixe mon destin
et celui des autres.
Je ne savais pas que sur les traits de mon visage et ses rides
quelqu'un ferait une carte de promenade, peut-être de guerre,
longtemps après moi. Et lui non plus n'en saurait rien.

הַבַּיִת שֶׁבּוֹ אָהַבְנוּ בַּתְּחִלָּה נֶחֱרַב,
זֶה יָכוֹל הָיָה לִהְיוֹת פָּסוּק פָּשׁוּט מִן הַתְּנַ"ךְ,
הוּא נֶחֱרַב לֹא מִנְּבוּאוֹת זַעַם וְלֹא בִּידֵי כַּשְׂדִּים וְרוֹמָאִים
אֶלָּא בִּידֵי פּוֹעֲלִים. בִּמְקוֹמוֹ עַכְשָׁו בּוֹר עָמֹק
כְּמוֹ לִתְפִלָּה מִמַּעֲמַקִּים וּמִמֶּנּוּ יַעֲלֶה בַּיִת גָּדוֹל מִן הַקּוֹדֵם.
הָאַדְרִיכָלִים לֹא יָדְעוּ שֶׁהֵם שִׂרְטְטוּ אֶת הַבַּיִת
לְפִי קַוֵּי גּוּפֵינוּ, מֻתְאָם לְאַהֲבָה.
אֶת הַקִּיר הַדְּרוֹמִי הִשְׁאִירוּ וּבַחַלּוֹן הַפּוֹנֶה לְעֵמֶק הַמַּצְלֵבָה
נִשְׁאֲרוּ הַתְּרִיסִים הַיְרוּשַׁלְמִיִּים, כְּמוֹ כְּנָפַיִם,
חַדְרֵנוּ הָיָה מַלְאָךְ. וְהַמֵּצִיץ שֶׁהֵצִיץ פְּנִימָה
בְּלֵילוֹת קַיִץ הוּא עַכְשָׁו אִישׁ זָקֵן שֶׁאוּלַי חוֹלֵם עָלֵינוּ
וְאוּלַי זֶה הָיָה אֱלֹהִים.
עָשִׂינוּ זֶה לָזֶה הַרְבֵּה שִׂמְחָה וְהַרְבֵּה דְּמָעוֹת,
וְכָל מַה שֶּׁמֵּעֵבֶר לַדְּמָעוֹת וְהַשִּׂמְחָה
יִשָּׁכַח בָּעוֹלָם הַבָּא וּבְכָל הָעוֹלָמוֹת הַבָּאִים.

La maison où nous nous sommes d'abord aimés a été détruite,
ce pourrait être un verset ordinaire de la Bible,
détruite non pas par les prophètes de malheur,
les Chaldéens ou les Romains
mais par des ouvriers. À sa place maintenant un trou énorme
comme pour prier dans les profondeurs et en ramener
une maison plus grande.
Les architectes ne savaient pas qu'en dessinant la maison
ils suivaient les lignes de nos corps, faits pour l'amour.
Ils ont laissé le mur méridional, et la fenêtre tournée vers
la Vallée de la Croix
a gardé ses volets de Jérusalem, semblables à des ailes,
notre chambre était un ange. Et le curieux qui scrutait
nos nuits d'été est aujourd'hui un vieil homme qui rêve
peut-être de nous, ou peut-être était-ce Dieu.
Nous nous sommes faits beaucoup de joie et de larmes,
et tout ce qui est au-delà des larmes et de la joie
sera loué dans le monde à venir et dans tous les mondes
à venir.

Akhziv

אכזיב

(1975)

*. Ces poèmes sont extraits d'un recueil publié sous le titre : *Akhziv, Caesarea ve-ahava a'hat* (Schocken, Tel Aviv, 1975).

תָּבוֹאוּ שׁוּב הֵנָּה בַּחֹרֶף הַבָּא,
אוֹ מִלִּים דּוֹמוֹת לְאֵלֶּה,
הֵן שֶׁמַּחֲזִיקוֹת אֶת חַיַּי
וּמַעֲבִירוֹת אֶת יָמַי,
כְּתוֹר חַיָּלִים, אֶחָד אֶחָד, מֵעַל לַגֶּשֶׁר
שֶׁנּוֹעַד לְפִיצּוּץ.

תָּבוֹאוּ שׁוּב הֵנָּה בַּחֹרֶף הַבָּא.
מִי לֹא שָׁמַע כְּמוֹתָן, וּמִי יָשׁוּב?

Revenez l'hiver prochain
ce sont des mots semblables
qui soutiennent ma vie
et font passer mes jours,
un à un, comme une colonne de soldats par dessus le pont
qui va sauter.

Revenez l'hiver prochain.
Qui n'a pas entendu ces mots-là ? Qui reviendra ?

אִם יַתְחִילוּ הַגַּעְגּוּעִים
לִהְיוֹת בֵּין הַבָּתִּים הָאֵלֶּה לְיַד הַיָּם הַזֶּה,
נִהְיֶה כְּבָר רְחוֹקִים מֵהֶם.

מְקוֹנְנוֹת לִבִּי הֵחֵלּוּ
מֻקְדָּם מִדַּי, וּבְעוֹדֶנִּי כָּאן,
לְקוֹנֵן וְלִמְרֹט אֶת דָּמִי וְאֶת חוֹל הַיָּם
וַעֲשָׂבָיו; וּלְהַכּוֹת בְּאֶגְרוֹפִים עַל סֶלַע,
עַל חוֹל וְעַל שָׁדַיִךְ.
מֵעַל פָּנַי נָסוֹג הַיָּם.
וּפָנַי פְּנֵי קַרְקַע־הַיָּם: יָבֵשׁ
עִם בְּקָעִים וּסְלָעִים וְרוּחוֹת אַכְזָרִיּוֹת.
כָּךְ אֲנִי מְבֻגָּר
וְזִכְרוֹנוֹת הַיָּם הָרַךְ וְהַיָּרֹק עֲדַיִן עַל פָּנַי.

Si les regrets commencent
entre ces maisons au bord de cette mer,
nous serons déjà loin.

Les pleureuses de mon cœur ont
commencé trop tôt — j'étais encore ici —
à se lamenter et m'arracher le sang et le sable de la mer
et ses algues ; à frapper le rocher de leurs poings,
sur le sable, sur ta poitrine.
De mon visage se retire la mer.
Mon visage : le lit de la mer, à sec
avec des crevasses et des roches et des vents cruels.
C'est ainsi que j'ai mûri
et mon visage porte encore
douce et verte la mémoire de la mer.

רוּחַ, אֵיזֶה בִּזְבּוּז שֶׁל רוּחַ
אַתְּ. לְהַעֲבִיר חוֹל אֶל חוֹל,
אוֹתִי אֵלַיִךְ, רֵיחַ אֶל רֵיחַ.
רוּחַ, אֵיזֶה בִּזְבּוּז!

עֲנָנִים, אֵיזֶה בִּזְבּוּז שֶׁל עֲנָנִים,
לֹא לְהַמְטִיר, רַק לְהַחֲלִיף
קְצָת אֶת הַצְּבָעִים שֶׁל הַגָּלִיל הַמַּעֲרָבִי
בִּשְׁבִילֵנוּ.

חַיַּי, אֵיזֶה בִּזְבּוּז שֶׁל חַיִּים
אַתֶּם. רַק לַיָּמִים אֵלֶּה. כָּאן.

Le vent, quel gaspillage de vent
tu fais. Aller du sable au sable,
de moi à toi, d'un parfum à l'autre.
Le vent, quel gaspillage !

Les nuages, quel gaspillage de nuage,
ne pas pleuvoir, seulement changer
un peu les couleurs de la Galilée
pour nous.

Ma vie
quel gaspillage de vie. Aujourd'hui. Ici.

וְכָךְ אָנוּ חַיִּים גַּם כָּאן. בּוֹרְרִים
כְּמוֹ הַיָּם בֵּין דְּבָרִים נִשְׁמָרִים יוֹתֵר
וּבֵין דְּבָרִים נִשְׁמָרִים פָּחוֹת.
"מַה כְּדַאי לָקַחַת אִתָּנוּ?"
"בַּשָּׁנָה הַבָּאָה עוֹד אֶלְבַּשׁ אֶת זֶה".
"מָתַי תַּפְסִיק לֶאֱהֹב?" יְדִידֵינוּ כְּבָר
נָסוֹגוּ לְתוֹךְ הָאָרֶץ הַחוּמָה פְּנִימָה.
וְהַיָּד הַמּוּרֶמֶת לְנִפְנוּף שָׁלוֹם,
מַה הִיא חָשָׁה כְּשֶׁהִיא חוֹזֶרֶת
אֶל צַד הַגּוּף הַנִּרְגָּע, מַה קָּרָה
לָהּ בַּדֶּרֶךְ? מַה מּוֹסִיפָה לָנוּ הַיְּדִיעָה
עַל צַלְבָנִים, אוֹ רוֹמָאִים אוֹ מְזֻהָבִים אֲחֵרִים
שֶׁבָּנוּ אֶת הַנָּמֵל הַמִּתְפּוֹרֵר וְהַשָּׁחֹר הַזֶּה?
יְדִיעוֹת אֵלֶּה מְשַׁעְשְׁעוֹת אֶת אָזְנֵינוּ,
כְּמוֹ מַנְגִּינַת הָרִקּוּד בָּרַמְקוֹל
הָרַךְ וְהַחוֹלִי. הִיסְטוֹרְיָה כְּבִדּוּר
בִּשְׁעוֹת הַצָּהֳרַיִם הָרֵיקוֹת לְיַד הַיָּם,
הַבּוֹרֵר כָּמוֹנוּ בֵּין נִשְׁמָר יוֹתֵר וּבֵין נִשְׁמָר פָּחוֹת.
כַּמָּה זְמַן אֶבֶן הַסִּיד? וְהַשַּׁיִשׁ הַשָּׁחֹר?
כַּמָּה זְמַן הַשָּׁנָה הַבָּאָה?
אֶבֶן הַכַּרְכֹּר הָאוֹהֶבֶת בְּהִתְפּוֹרְרוּת
וְהַחוֹל שֶׁכְּבָר חַי לָנֶצַח וְלָרוּחַ בְּמוֹתוֹ.

C'est ici que nous vivons triant
comme la mer entre les choses qu'il faut
plus ou moins garder.
« Que faut-il prendre avec nous ?»
« L'an prochain je porterai encore ce vêtement. »
« Quand cesseras-tu d'aimer ?» Nos amis se sont déjà
repliés dans le pays ocre.
Que ressent la main levée de l'adieu
quand elle revient
auprès du corps apaisé ? Que lui est-il
advenu en chemin ? Que nous apporte la connaissance
que les Croisés, ou les Romains ou d'autres Conquistadors
ont bâti ce sombre port qui s'effondre ?
Cette connaissance divertit nos oreilles,
comme un air de danse dans la bouche
sableuse du haut-parleur.
L'histoire est un divertissement
par un après-midi désert au bord de la mer,
triant comme nous entre ce qu'il faut garder ou pas.
Combien de temps dure la pierre calcaire ?
Et le marbre noir ?
Combien de temps dure l'année prochaine
et la chaux qui s'effondre dans son amour
et le sable qui par sa mort vit déjà pour l'éternité et le vent?

מַרְבֵּה גַּלִּים, מַרְבֵּה עֵינַיִם,
מַרְבֵּה עִנּוּיִים, מַרְבֵּה מֶלַח,
מַרְבֵּה עַצְבוּת, שָׁר בַּלֵּילוֹת, מַרְבֵּה
צְדָפִים, מַרְבֵּה הַחוֹל, הַחוֹל, הַכֹּל.

פֵּרוּשׁ הַדָּבָר – לְהַמְשִׁיךְ לִחְיוֹת.
מַה חַיֵּינוּ: כַּמָּה סֶנְטִימֶטְרִים שֶׁל
טֵרוּף וְרֹךְ בָּשָׂר
שֶׁבֵּין הַשֶּׁלֶד הַקָּשֶׁה בִּפְנִים
וּבֵין הָאֲוִיר הַקָּשֶׁה בַּחוּץ.

Multiplie les vagues multiplie les yeux
multiplie les épreuves multiplie le sel,
multiplie la tristesse chante les nuits multiplie
les coquillages le sable le sable l'ensemble.

Pour dire : continue à vivre.
Notre vie : quelques centimètres
de folie et de chair tendre
entre le dur squelette intérieur
et l'air dur au dehors.

הַיָּם מְשַׁמֵּר בְּמֶלַח
יְרוּשָׁלַיִם מְשַׁמֶּרֶת בְּיֹבֶשׁ.
וּלְאָן נֵלֵךְ?
עַכְשָׁו, בָּעֲרָבַיִם הַמְּדֻיָּקִים, לִבְחֹר:
לֹא בְּמָה שֶׁנַּעֲשֶׂה וְכֵיצַד נִחְיֶה,
אֶלָּא לִבְחֹר בַּחַיִּים
אֲשֶׁר חֲלוֹמוֹתֵיהֶם יַכְאִיבוּ פָּחוֹת
בְּכָל הַלֵּילוֹת שֶׁיָּבוֹאוּ.

La mer conserve dans le sel,
Jérusalem dans la sècheresse.
Où partirons-nous ?
Maintenant, dans les soirs exacts, il faut choisir :
non pas entre faire et vivre
mais choisir une vie
dont les rêves nous blesseront moins
dans l'avenir de nos nuits.

הַמֶּלַח הֶעָיֵף אָמַר: הִנֵּה
הֵם שׁוּב, הַשְּׁנַיִם שֶׁרוֹצִים
לִהְיוֹת מְכֻסִּים בְּטַעַם הַמֶּלַח.
לֹא דַּי לָהֶם בְּטַעְמָם. לֹא דַּי לָהֶם בְּמִלְחָם
וְלֹא דַּי לָהֶם בְּאַהֲבָתָם.
הֵם בָּאִים הֵנָּה לְעִתִּים קְרוֹבוֹת
כְּדֵי שֶׁלֹּא לִשְׁכֹּחַ. יִשְׁכְּחוּ.

Le sel fatigué dit : les voici
de retour, ces deux-là qui veulent
être couverts par le goût du sel.
Leur propre goût ne suffit pas ni leur propre sel
ils n'ont pas assez de leur propre amour.
Ils viennent souvent ici
pour ne pas oublier, mais ils oublieront.

ouvert fermé ouvert
(*suite*)

פתוח סגור פתוח

1998

וְאֵיךְ הֵם יְנַצְּלוּ אֶת אַהֲבָתֵנוּ. אֵיךְ יַעְתִּיקוּ אֶת קַו יְרֵכַיִךְ
וְאֶת קַו זְרוֹעַי עַל מַפּוֹתֵיהֶם לְסַמֵּן גְּבוּלוֹת בֵּין אֲרָצוֹת
שֶׁלֹּא יָדַעְנוּ עַל קִיּוּמָן, אֵיךְ צֶבַע עֵינַיִךְ וְצֶבַע עֵינַי
יִהְיוּ יַחְדָּו בְּדִגְלֵי אֻמּוֹת חֲדָשׁוֹת בֶּעָתִיד הָעוֹלָם.
וּבַמִּלִּים שֶׁאָמַרְנוּ זֶה לָזֶה בַּלֵּילוֹת יִשְׁתַּמְּשׁוּ בְּמִסְמָכִים
סוֹדִיִּים וּמְגִלּוֹת עַצְמָאוּת וְחוֹזֵי כְּנִיעָה וְנִצָּחוֹן.
אֵיךְ הֵם יְנַצְּלוּ אוֹתָנוּ! מִתְּנוּחוֹת הָאַהֲבָה שֶׁלָּנוּ
יַמְצִיאוּ מְכוֹנוֹת חֲדִישׁוֹת וּמִתְחַכְּמוֹת שֶׁל הַמֵּאָה הַבָּאָה
וּמִתְּנוּעוֹת הָאַהֲבָה שֶׁלָּנוּ, מִישֶׁהוּ אוּלַי יְתַכְנֵן פְּעֻלָּה
צְבָאִית גְּדוֹלָה, חִבּוּק וּלְפִיתָה, אֲחִיזָה, מֶלְקָחַיִם, מַסְלוּלֵי טִילִים.
וּמִמְּנוּחוֹת הָאַהֲבָה שֶׁלָּנוּ יַעֲשׂוּ חִשּׁוּבֵי קֵץ
וַחֲזוֹנוֹת אַחֲרִית יָמִים טוֹבָה וּרְגוּעָה
בְּדִמְמַת נֶצַח וְאַהֲבַת עוֹלָם.

Comment se serviront-ils de notre amour
pour imiter sur leur carte
la ligne de tes hanches et celle de mon bras
traçant des frontières entre des pays inconnus ?
Comment les couleurs de nos yeux
flotteront-elles ensemble sur les drapeaux des nations
nouvelles dans l'avenir du monde.
Et des mots échangés la nuit ils signeront des traités
secrets des déclarations d'indépendance des contrats
de victoire et de défaite.
Comment se serviront-ils de nous ! De nos gestes d'amour
ils feront les machines sophistiquées du prochain siècle
et nos positions amoureuses serviront de modèle aux
manœuvres militaires : baiser et étreinte, prise,
tenailles, rampes de missiles.
Sur les haltes de notre amour ils calculeront les limites
et la vision douce et calme de la fin des temps
dans le silence éternel et l'amour du monde.

חִלַּקְנוּ בֵּינֵינוּ אֶת הַשָּׂפָה, אַתְּ לָקַחַתְּ אֶת הַתְּנוּעוֹת
וַאֲנִי אֶת הָעִצּוּרִים וְהָיִינוּ יַחַד שָׂפָה אַחַת
וּדְבָרִים רַבִּים. שְׁמַע, שְׁמַע, שִׁמְעִי שִׁמְעִי
חַיֵּינוּ אֶחָד, מָוֶת יֵשׁ הַרְבֵּה, אֱלֹהִים יֵשׁ הַרְבֵּה
חַיֵּינוּ אֶחָד וְאַהֲבָתֵנוּ אַחַת.

Nous avons partagé la langue entre nous, toi les voyelles
moi les consonnes pour former une seule et même langue
et beaucoup d'autres choses. Tu écoutes, j'écoute:
notre vie est une, la mort plusieurs, Dieu aussi est plusieurs
notre vie est une et notre amour un seul amour.

אוֹהֲבִים מַשְׁאִירִים זֶה עַל זֶה טְבִיעוֹת אֶצְבָּעוֹת
וּרְאָיוֹת רַבּוֹת וּמִלִּים אֵין סוֹף וְעֵדֻיּוֹת, בֶּגֶד מְקֻמָּט
עִתּוֹן עִם תַּאֲרִיךְ מְדֻיָּק, שָׁעוֹן וְשָׁעוֹן,
וְכָל בֹּקֶר מְסַמְּנִים אֶת מִתְאַר גּוּפֵיהֶם
כְּמוֹ שֶׁמִּשְׁטָרָה מְסַמֶּנֶת בְּקַו גִּיר לָבָן אֶת מְקוֹם הַגּוּפָה
עַל הַכְּבִישׁ.

אוֹהֲבִים מַסְגִּירִים זֶה אֶת זֶה,
אוֹהֲבִים שׁוֹמְרִים עַל זְכוּת הַשְּׁתִיקָה
וַאֲפִלּוּ אִם הֵם נִפְרָדִים
הֵם עוֹשִׂים קְלַסְתֵּרוֹן מִפְּנֵיהֶם כְּמוֹ מִשְׁטָרָה
וּמְסַדֵּר זִהוּי כְּדֵי לוֹמַר: זֶה הוּא זֹאת הִיא!

Les amants s'abandonnent des empreintes de doigts
et d'innombrables preuves, paroles et témoignages.
Un vêtement brodé, un journal daté, une montre.
Chaque matin ils tracent la silhouette de leur corps
comme la police trace à la craie le contour du cadavre
sur la chaussée.
Les amants s'emprisonnent,
ils observent la loi du silence
et même s'ils se séparent
c'est leur portrait-robot qu'ils font, comme la police
ou l'identité judiciaire, pour dire : c'est lui, c'est elle.

כְּמוֹ צַלָּם שֶׁמְּצַלֵּם יָם אוֹ מִדְבָּר עַד קְצֵה הָאֹפֶק
וְהוּא חַיָּב לָשִׂים בַּתְּמוּנָה מַשֶּׁהוּ קָרוֹב גָּדוֹל,
עֲנַף עֵץ, כִּסֵּא, פִּנַּת בַּיִת, סֶלַע,
כְּדֵי לָחוּשׁ אֶת הָאֵין־סוֹף וְהוּא שׁוֹכֵחַ אֶת הַיָּם
וְאֶת הַמִּדְבָּר, כָּךְ אֲנִי אוֹהֵב אוֹתָךְ, אֶת יָדֵךְ
אֶת פָּנַיִךְ, אֶת שְׂעָרֵךְ, אֶת קוֹלֵךְ הַקָּרוֹב
וַאֲנִי שׁוֹכֵחַ אֶת נֶצַח הַמֶּרְחָק וְאֶת הַסּוֹפִים הָאֵין־סוֹפִיִּים.
וּכְשֶׁנָּמוּת שׁוּב יִהְיוּ רַק הַיָּם וְהַמִּדְבָּר וְהָאֱלֹהִים
שֶׁכָּל־כָּךְ אָהַבְנוּ לְהַבִּיט בָּהֶם מִן הַחַלּוֹן.
שָׁלוֹם שָׁלוֹם לָרָחוֹק וְלַקָּרוֹב שָׁלוֹם לָאֱלֹהִים הָאֲמִתִּיִּים.

Si on photographie la mer ou le désert à perte de vue
on doit mettre quelque chose de grand tout près :
la branche d'un arbre, une chaise, un coin de maison,
un rocher,
pour sentir l'infini et oublier la mer
et le désert. Quand je t'aime, j'aime ta main
ton visage, tes cheveux, ta voix toute proche
et j'oublie l'éternité de la distance et les fins illimitées.
Quand nous mourrons, il y aura encore la mer,
le désert et Dieu
que nous aimions tellement regarder par la fenêtre.
Adieu adieu au proche et au lointain adieu au vrai Dieu.

כָּל אִשָּׁה אוֹהֶבֶת הִיא כְּמוֹ שָׂרָה אִמֵּנוּ, אוֹרֶבֶת מֵאֲחוֹרֵי הַדֶּלֶת
כְּשֶׁגְּבָרִים בִּפְנִים מְדַבְּרִים עַל יְפִי גּוּפָהּ וַעֲתִידָהּ,
הִיא צוֹחֶקֶת לְתוֹךְ כַּפָּהּ הַחֲלוּלָה, כְּמוֹ לְתוֹךְ רֶחֶם,
אוֹקָרִינָה שֶׁל עָתִיד, כְּמוֹ שִׁעוּל קַל שֶׁל שׁוּעָלָה עַרְמוּמִית.
כָּל אִשָּׁה אוֹהֶבֶת הִיא רָחֵל וְלֵאָה הַמִּתְחַלְּפוֹת בֵּינֵיהֶן גּוּף וָנֶפֶשׁ
זְמַנִּים וּשְׂמָלוֹת, פּוּךְ וּבְשָׂמִים, טַעֲמֵי יוֹם בְּתַבְלִינֵי לַיְלָה
וְרַחֲשֵׁי לַיְלָה בְּקוֹלוֹת יוֹם, יְרֵכַיִם וְשָׁדַיִם, לִהְיוֹת גּוּף אֶחָד,
רָחֵל וְלֵאָה, רָחֵלֵאָה. וְיַעֲקֹב שׁוֹכֵב כְּמוֹ עִם שְׁתַּיִם,
הָאַחַת סוֹעֶרֶת וּבוֹעֶרֶת שֶׁיּוֹדַעַת עַל מוֹתָהּ הַקָּרוֹב בַּלֵּדָה
וְהָאַחֶרֶת רְגוּעָה וְרַכָּה וּכְבֵדָה
לְכָל הַדּוֹרוֹת עַד אֵלַי.
וּפְנֵי כָּל אִשָּׁה אוֹהֶבֶת כִּפְנֵי הַלְּבָנָה בַּחֹדֶשׁ,
פָּנִים מְלֵאִים בַּדֶּלֶת הַנִּפְתַּחַת וַחֲצִי פָּנִים לְיַד הַחַלּוֹן.
וְכָל אִשָּׁה אוֹהֶבֶת הִיא כְּמוֹ רִבְקָה לְיַד הַבְּאֵר שֶׁאוֹמֶרֶת,
"שְׁתֵה וְגַם לִגְמַלֶּיךָ". אֲבָל רִבְקָה בְּיָמֵינוּ אוֹמֶרֶת:
"הַמַּגָּבוֹת הֵן בַּמְּגֵרָה הָעֶלְיוֹנָה בָּאָרוֹן הַלָּבָן
מוּל דֶּלֶת הַכְּנִיסָה".

Toute femme qui aime est Sarah notre mère. Elle écoute
derrière la porte
les hommes parler de la beauté de son corps
et de son avenir,
elle rit dans sa main creusée, comme une matrice,
ocarina de l'avenir, toux légère de renarde rusée.
Toute femme qui aime est Rachel et Léa.
Elles s'échangent corps et âme
temps et robes, fard et parfums. Goûts du jour et
épices de la nuit,
souffles de la nuit et rumeurs du jour, cuisses et seins,
pour n'être qu'un seul corps : Rachel et Léa, Racheléa.
Et c'est comme si Ya'acov couchait avec les deux :
la première ardente et brûlante qui sait sa mort prochaine
dans la naissance
la seconde apaisée, douce et lourde
de toutes les générations jusqu'à moi.
Le visage de toute femme qui aime
est comme le visage de la lune chaque mois,
visage plein devant la porte qui s'ouvre, demi visage
à la fenêtre.
Toute femme qui aime est Rébecca à côté du puits. Elle dit:
« Bois et donne à boire à tes chameaux. » La Rébecca
de nos jours dit :
«Les serviettes sont dans le tiroir du haut de l'armoire blanche
en face de la porte d'entrée.»

רָאִיתִי בְּחָצֵר יְרוּשַׁלְמִית, רָאִיתִי גַּרְעִינִים
מְפֻזָּרִים עַל בַּד פָּרוּשׂ לְיִבּוּשׁ בַּשֶּׁמֶשׁ וְאָמַרְתִּי,
אֶהְיֶה לָהֶם לְהִיסְטוֹרְיוֹן וַאֲסַפֵּר לָהֶם עַל הָאֲבַטִּיחִים
וְהַדְּלָעוֹת שֶׁמֵּהֶם יָצְאוּ. אֲנִי דּוֹרֵשׁ מִן הַחוֹל
לִזְכֹּר אֶת הָאֶבֶן וּמִן הָאֶבֶן לִזְכֹּר אֶת הַסֶּלַע הַגָּדוֹל
וּמִן הַסֶּלַע אֶת הַגַּעַשׁ וְהָאֵשׁ.
וּבְעַצְמִי אֲנִי שׁוֹכֵחַ מַה שֶּׁהָיָה בַּקַּיִץ הָאַחֲרוֹן
וַאֲפִלּוּ מַה שֶּׁהָיָה אֶתְמוֹל, בְּיוֹם רְבִיעִי. אֲבָל אֲנִי זוֹכֵר
אֶת הַשִּׁיר שֶׁהָיוּ שָׁרִים אוֹתוֹ הַלְוִיִּים
בְּבֵית הַמִּקְדָּשׁ בְּיוֹם רְבִיעִי.

J'ai vu dans une cour de Jérusalem, j'ai vu des pépins
étalés sur une toile pour sécher au soleil, et j'ai voulu
être leur historien, leur raconter l'histoire des pastèques
et des citrouilles dont ils sont sortis. Je demande au sable
de se rappeler la pierre et à la pierre de se rappeler
le grand rocher
et au rocher le volcan et le feu.
Et moi j'oublie ce qu'il y avait l'été dernier
et même ce qu'il y avait hier, mercredi. Mais je me rappelle
le chant que chantaient les lévites
au Temple le mercredi.

גַּעְגּוּעִים בִּלְשׁוֹן זָכָר רַבִּים, כְּמוֹ אֱלֹהִים.
עֶרְגָּה הִיא נְקֵבָה, כְּמִיהָה הִיא אִשָּׁה וְאֵין זֵכֶר לְזָכָר.
רָאִיתִי אִישׁ שָׂם מִכְתָּב מִתַּחַת לְדֶלֶת נְעוּלָה,
רָאִיתִי אוֹתוֹ עוֹבֵר בְּיוֹם הַמָּחֳרָת וְהַמִּכְתָּב עֲדַיִן
מֵאִיר בְּפַס לָבָן מִתַּחַת לַדֶּלֶת. וְרָאִיתִי אוֹתוֹ חוֹזֵר
עוֹד פַּעַם וְעוֹד פַּעֲמַיִם וְהַפַּס הַלָּבָן עֲדַיִן
מְבַצְבֵּץ כְּמוֹ פַּס לְבוּשׁ תַּחְתּוֹן שֶׁל הָאִשָּׁה שֶׁאוֹתָהּ אָהַב.
מַגַּע גַּעְגּוּעִים בַּכֹּל. הָעֵשֶׂב הַצּוֹמֵחַ לְיַד הַדֶּלֶת
הוּא אוּלַי נְבִיא חֻרְבָּן וְאוּלַי נְבִיא נֶחָמָה,
וְגַעְגּוּעִים מִלְּשׁוֹן גְּעִיַּת הָעֶגְלָה שֶׁגּוֹעָה
וְנָתְנָה אֶת קוֹל גַּעְגּוּעֶיהָ לִבְנֵי הָאָדָם.

Les regrets sont masculin, et pluriel comme Elohim.
La nostalgie au féminin est femme sans mémoire de masculin.
J'ai vu un homme glisser une lettre sous une porte fermée,
le lendemain, elle y était encore
comme une raie blanche sous la porte. Je l'ai vu revenir
bien d'autres fois et la raie blanche clignote
toujours comme un sous-vêtement de la femme aimée.
Les regrets touchent à tout. Si l'herbe qui pousse
devant la porte
est peut-être prophète de destruction ou de consolation,
les regrets sont dans le meuglement de la génisse
qui donne la voix de ses regrets aux hommes.

דִּיּוּק הַכְּאֵב וְטִשְׁטוּשׁ הָאֹשֶׁר. אֲנִי חוֹשֵׁב
עַל הַדִּיּוּק שֶׁבּוֹ בְּנֵי אָדָם מְתָאֲרִים אֶת כְּאֵבָם בְּחַדְרֵי רוֹפֵא.
אֲפִלּוּ אֵלֶּה שֶׁלֹּא לָמְדוּ קְרֹא וּכְתֹב מְדַיְּקִים:
זֶה כְּאֵב מוֹשֵׁךְ וְזֶה כְּאֵב קוֹרֵעַ, וְזֶה כְּמוֹ מְנַסֵּר
זֶה שׂוֹרֵף וְזֶה כְּאֵב חַד וְזֶה קֵהֶה. זֶה פֹּה, בְּדִיּוּק פֹּה
כֵּן. כֵּן. הָאֹשֶׁר מְטַשְׁטֵשׁ הַכֹּל. שָׁמַעְתִּי אוֹמְרִים
אַחַר לֵילוֹת אַהֲבָה וְאַחַר חֲגִיגוֹת, הָיָה נִפְלָא,
הִרְגַּשְׁתִּי כְּמוֹ בַּשָּׁמַיִם. וַאֲפִלּוּ אִישׁ הֶחָלָל שֶׁרִחֵף
בֶּחָלָל קָשׁוּר לַחֲלָלִית רַק קָרָא: נִפְלָא, נֶהְדָּר, אֵין לִי מִלִּים.
טִשְׁטוּשׁ הָאֹשֶׁר וְדִיּוּק הַכְּאֵב
וַאֲנִי רוֹצֶה לְתָאֵר בְּדִיּוּק שֶׁל כְּאֵב חַד גַּם
אֶת הָאֹשֶׁר הֶעָמוּם וְאֶת הַשִּׂמְחָה. לָמַדְתִּי לְדַבֵּר אֵצֶל הַכְּאֵבִים.

La précision de la douleur et le brouillage du bonheur.
Je pense
à la précision avec laquelle les hommes décrivent
leurs douleurs au médecin.
Même ceux qui ne savent ni lire ni écrire sont précis :
c'est une douleur qui tire, qui déchire, qui scie,
l'une brûle, l'autre pique ou erre. Elle est là,
Oui, c'est bien elle. Oui. Le bonheur brouille tout.
J'ai entendu dire
après des nuits d'amour et de fête : c'était merveilleux,
je me suis senti au septième ciel. Même l'astronaute
qui a plané
dans l'espace attaché à son vaisseau n'a pu que s'écrier :
magnifique, je n'ai pas de mots.
Brouillage du bonheur et précision de la douleur :
et je voudrais décrire avec la précision de la douleur aiguë
le bonheur muet et la joie. Les douleurs m'ont appris à parler.

אֲנִי יוֹדֵעַ כַּמָּה דַּקִּים הַחוּטִים שֶׁקּוֹשְׁרִים אוֹתִי אֶל אָשְׁרִי.
אֲבָל מִן הַחוּטִים הַדַּקִּים הָאֵלֶּה אָרַגְתִּי לִי לְבוּשׁ חָזָק
כִּמְעַט כְּמוֹ שִׁרְיוֹן רַךְ, שְׁתִי וָעֵרֶב אֲשֶׁר
שֶׁיַּעֲזֹר לִי לְכַסּוֹת אֶת מַעֲרֻמַּי וּלְהָגֵן עָלַי.
אֲבָל לִפְעָמִים נִדְמֶה לִי שֶׁחַיַּי לֹא שָׂרִים
אֶת עוֹר גּוּפִי הָעוֹטֵף אוֹתָם וַאֲפִלּוּ לֹא
אֶת צִפָּרְנֵי אֶצְבְּעוֹתַי שֶׁבָּהֶן אֲנִי נֶאֱחָז בְּחַיַּי.
אֲנִי כְּמוֹ אָדָם שֶׁמֵּרִים אֶת פֶּרֶק יָדוֹ אֶל עֵינָיו
לִרְאוֹת אֶת הַזְּמַן, אֲפִלּוּ אִם אֵין בּוֹ רְצוּעַת שְׁעוֹן יָד.
וְלִפְעָמִים קוֹל גִּרְגּוּר הַמַּיִם הָאַחֲרוֹנִים
הַיּוֹצְאִים מִן הָאַמְבָּט הוּא קוֹל הַזָּמִיר בְּאָזְנַי.

Je sais que les fils qui me lient à mon bonheur sont ténus.
Mais c'est avec eux que je me suis tissé un vêtement robuste,
presque une cuirasse molle, qui m'aide
à cacher ma nudité, en long et en large, et à me protéger.
Parfois il me semble que ma vie ne vaut pas
la peau de mon corps qui l'enveloppe, ni même
les ongles de mes doigts avec lesquels je m'agrippe à ma vie.
Je suis pareil à un homme qui lève son poignet vers les yeux
pour voir le temps, même s'il n'a pas de montre.
Et parfois le borborygme de la dernière eau
qui s'écoule de la baignoire devient pour moi
le chant du rossignol.

אֲנִי, עָלָיו הַשָּׁלוֹם, אֲנִי הַחַי אוֹמֵר עָלַי הַשָּׁלוֹם
אֲנִי רוֹצֶה שָׁלוֹם כְּבָר עַכְשָׁו בְּעוֹדֶנִּי חַי.
אֲנִי לֹא רוֹצֶה לְחַכּוֹת כְּמוֹ אוֹתוֹ הֶחָסִיד שֶׁבִּקֵּשׁ רֶגֶל אַחַת
מִכִּסֵּא הַזָּהָב בְּגַן עֵדֶן, אֲנִי רוֹצֶה כִּסֵּא אַרְבַּע רַגְלַיִם
כָּאן, כִּסֵּא עֵץ פָּשׁוּט. אֲנִי רוֹצֶה שָׁלוֹם עָלַי עַכְשָׁו.
חַיַּי עָבְרוּ עָלַי בְּמִלְחָמוֹת מִכָּל הַמִּינִים: קְרָבוֹת חוּץ
וּקְרָבוֹת בִּפְנִים, קְרָבוֹת פָּנִים אֶל פָּנִים וְהַפָּנִים
הָיוּ תָּמִיד הַפָּנִים שֶׁלִּי, פְּנֵי אוֹהֵב וּפְנֵי אוֹיֵב.
מִלְחָמוֹת בְּנֶשֶׁק יָשָׁן, מַקֵּל, אֶבֶן, גַּרְזֶן פָּגוּם, מִלִּים,
סַכִּין קֵהָה וְקוֹרַעַת, אַהֲבָה וְשִׂנְאָה
וּמִלְחָמוֹת בְּנֶשֶׁק חָדִישׁ, מִקְלָע, טִיל,
מִלִּים, מוֹקֵשׁ מִתְפּוֹצֵץ, אַהֲבָה וְשִׂנְאָה.
אֲנִי לֹא רוֹצֶה לְקַיֵּם אֶת נְבוּאַת הוֹרַי שֶׁהַחַיִּים הֵם מִלְחָמָה
אֲנִי רוֹצֶה שָׁלוֹם בְּכָל גּוּפִי וּבְכָל נַפְשִׁי. עָלַי הַשָּׁלוֹם.

C'est pour un moi vivant que je dis : qu'il repose en paix.
Je veux la paix maintenant que je suis vivant.
Je ne veux pas attendre comme ce Hassid qui voulait un pied
de la chaise en or du Paradis, je veux la chaise
avec ses quatre pieds,
une simple chaise en bois. Je veux la paix avec moi
maintenant.
Ma vie a passé en toutes sortes de guerres :
de combats extérieurs
en combats intérieurs entre quatre yeux. Les visages
n'étaient jamais que mon propre visage, celui de l'ami
comme celui de l'ennemi.
Des guerres d'une autre époque, bâton, pierre, hache, mots,
couteau obtus et déchirant, amour et haine,
Des guerres modernes : mitrailleuse, missiles,
mots, mine explosive, amour et haine.
Je ne veux pas remplir la prophétie de mes parents
que la vie est une guerre
je veux la paix de tout mon corps et de toute mon âme.
Que je repose en paix.

אֲנִי לֹא הָיִיתִי אֶחָד מִשֵּׁשֶׁת הַמִּילְיוֹנִים
שֶׁמֵּתוּ בַּשּׁוֹאָה וְלֹא הָיִיתִי אֲפִלּוּ בֵּין הַנִּצּוֹלִים
וְלֹא הָיִיתִי אֶחָד מִן הַשִּׁשִּׁים רִבּוֹא שֶׁיָּצְאוּ מִמִּצְרַיִם
אֲבָל הִגַּעְתִּי לָאָרֶץ הַמֻּבְטַחַת מִן הַיָּם,
אֲנִי לֹא הָיִיתִי בֵּין כָּל אֵלֶּה אֲבָל הָאֵשׁ וְהֶעָשָׁן
נִשְׁאֲרוּ בִּי, וְעַמּוּדֵי אֵשׁ וְעַמּוּדֵי עָשָׁן מַרְאִים לִי
אֶת הַדֶּרֶךְ בַּלַּיְלָה וּבַיּוֹם, וְנִשְׁאַר בִּי הַחִפּוּשׂ הַמְטֹרָף
אַחַר יְצִיאוֹת הַחֵרוּם וְאַחַר הַמְּקוֹמוֹת הָרַכִּים,
אַחַר עֶרְוַת הָאָרֶץ לְהִמָּלֵט לְתוֹךְ הַחֻלְשָׁה
וּלְתוֹךְ הַתִּקְוָה וְנִשְׁאֲרָה בִּי תַּאֲוַת הַחִפּוּשׂ
אַחַר מַיִם חַיִּים בְּדִבּוּר שָׁקֵט אֶל הַסֶּלַע וּבְמַכּוֹת טֵרוּף.
אַחַר־כָּךְ שְׁתִיקָה בְּלִי שְׁאֵלוֹת וּבְלִי תְּשׁוּבוֹת.
הַהִיסְטוֹרְיָה הַיְּהוּדִית וְהַהִיסְטוֹרְיָה הָעוֹלָמִית
טוֹחֲנוֹת אוֹתִי בֵּינֵיהֶן, לִפְעָמִים עַד דֹּק
כִּשְׁתֵּי אַבְנֵי רֵחַיִם, וּשְׁנַת הַשֶּׁמֶשׁ וּשְׁנַת הַיָּרֵחַ
מַקְדִּימוֹת זוֹ אֶת זוֹ אוֹ מְפַגְּרוֹת זוֹ אַחַר זוֹ
וְקוֹפְצוֹת וְנוֹתְנוֹת תְּנוּעָה מַתְמֶדֶת לְחַיַּי
וַאֲנִי לִפְעָמִים נוֹפֵל בָּרֶוַח שֶׁבֵּינֵיהֶן
לְהִתְחַבֵּא בּוֹ אוֹ לִשְׁקֹעַ.

À ma mort, je laisserai les femmes seules s'occuper
de ma toilette
je m'abandonnerai à leurs jolis yeux pour ôter
de mes oreilles les derniers mots entendus,
et essuyer sur mes lèvres les dernières paroles prononcées
pour effacer les images de mes yeux et les soucis
de mon front
replier mes bras sur ma poitrine, comme les manches
d'une chemise repassée.
Frotter mon corps d'huile parfumée pour me sacrer
roi de la mort d'un seul jour
et arranger entre mes cuisses, comme une corbeille de fruits,
mes testicules et mon sexe à côté du nombril et du poil frisé,
une splendide nature morte des siècles passés,
une nature bien morte sur fond de velours sombre.
Elles me chatouilleront les orifices avec des plumes
pour vérifier si je vis encore.
Toutes en pleurs et en joie elles me feront un dernier massage
qui touchera à travers moi le monde entier
jusqu'au dernier jour.
L'une chantera la prière au Dieu plein d'amour,
d'une voix douce elle chantera au Dieu du ventre des mères
pour lui rappeler que l'amour sort de la mère,
amour de vérité,
matrice de vérité, amour de vérité, grâce de vérité.
Sur ma vie, c'est ce que je veux à ma mort, sur ma vie.

יְהוּדָה הַלֵּוִי שָׁר "לִבִּי בְּמִזְרָח וְאָנֹכִי בִּקְצֵה מַעֲרָב".
זֶה טִיּוּל יְהוּדִי, זֶה מִשְׂחַק הַלְּבָבוֹת הַיְּהוּדִי בֵּין מִזְרָח וּמַעֲרָב
בֵּין אָנֹכִי וּבֵין לֵב, הָלוֹךְ וָשׁוֹב, הָלוֹךְ בְּלִי שׁוּב, וְשׁוֹב בְּלִי הָלוֹךְ,
נָע וָנָד בְּלִי חֵטְא, טִיּוּל אֵין־סוֹף, שֶׁגַּם פְּרוֹיְד הַיְּהוּדִי עָשָׂה
בֵּין גּוּף לְנֶפֶשׁ וּבֵין נֶפֶשׁ לְנֶפֶשׁ, וְלָמוּת בֵּין הַשְּׁנַיִם,
הוֹ, אֵיזֶה עוֹלָם הוּא זֶה שֶׁבּוֹ הַלֵּב בְּמָקוֹם אֶחָד וְהַגּוּף
בְּמָקוֹם אַחֵר
(כִּמְעַט כְּמוֹ לֵב קָרוּעַ מִגּוּף וּמֻשְׁתָּל בְּגוּף אַחֵר)
אֲנִי חוֹשֵׁב עַל בְּנֵי אָדָם שֶׁנִּקְרָאִים עַל שֵׁם מָקוֹם
שֶׁמֵּעוֹלָם לֹא הָיוּ בּוֹ וּלְעוֹלָם לֹא יִהְיוּ בּוֹ. אֲנִי חוֹשֵׁב
עַל צַיָּר שֶׁמְּצַיֵּר פְּנֵי אִישׁ לְפִי תַּצְלוּם כִּי הָאִישׁ אֵינֶנּוּ.
אֲנִי חוֹשֵׁב עַל נְדִידָה יְהוּדִית שֶׁלֹּא כִּנְדִידַת הַצִּפּוֹרִים
לְפִי קַיִץ וָחֹרֶף, חַיִּים וּמָוֶת, אֶלָּא לְפִי גַּעְגּוּעֵי נֶפֶשׁ וְלָכֵן
הֵם מֵתִים כָּל־כָּךְ וֵאלֹהִים נִקְרָא בְּפִיהֶם מָקוֹם.
וְעַכְשָׁו שֶׁהֵם שָׁבוּ לִמְקוֹמָם הִתְחִיל הָאֵל
לִנְדֹּד לִמְקוֹמוֹת אֲחֵרִים וְלֹא יִקָּרֵא עוֹד
מָקוֹם אֶלָּא מְקוֹמוֹת, אֵל מְקוֹמוֹת.
וַאֲפִלּוּ תְּחִיַּת הַמֵּתִים הִיא מַסָּע אָרֹךְ.
מַה נִּשְׁאַר? הַמִּזְוָדוֹת עַל הָאָרוֹן
זֶה הַדָּבָר שֶׁנִּשְׁאַר.

Yehuda Halevi chante : Mon cœur est en Orient, et moi
au bout de l'Occident.
C'est un périple juif, le jeu du cœur juif
entre Orient et Occident
entre le moi et le cœur, aller-retour, aller simple
ou simple retour.
Errant sans faute, voyageur sans fin, comme le juif Freud,
entre corps et âme, entre l'âme et l'âme, mourir
entre les deux.
Quel est ce monde où le cœur est dans un lieu et le corps ailleurs
(tel un cœur arraché au corps
et greffé sur un autre).
Je pense aux hommes qui tirent leur nom d'un nom de lieu
inconnu qu'ils ne connaîtront jamais. Je pense au peintre
qui peint d'après photo le visage d'un homme inconnu.
Je pense à l'errance juive qui n'est pas celle
des oiseaux migrateurs
réglée sur l'été et l'hiver, sur la vie et la mort, mais sur
les regrets de l'âme,
c'est pourquoi il y a tant de morts et que Dieu dans leur
bouche s'appelle le Lieu.
Maintenant qu'ils l'ont retrouvé, Dieu s'est mis
à partir ailleurs, ils ne l'appelleront plus le Lieu mais les Lieux,
le Dieu des Lieux.
Même la résurrection des morts est un long périple.
Ce qu'il en reste,
ce sont les valises sur l'armoire.

אֲנִי לֹא הָיִיתִי אֶחָד מִשֵּׁשֶׁת הַמִּילְיוֹנִים
שֶׁמֵּתוּ בַּשּׁוֹאָה וְלֹא הָיִיתִי אֲפִלּוּ בֵּין הַנִּצּוֹלִים
וְלֹא הָיִיתִי אֶחָד מִן הַשִּׁשִּׁים רִבּוֹא שֶׁיָּצְאוּ מִמִּצְרַיִם
אֲבָל הִגַּעְתִּי לָאָרֶץ הַמֻּבְטַחַת מִן הַיָּם,
אֲנִי לֹא הָיִיתִי בֵּין כָּל אֵלֶּה אֲבָל הָאֵשׁ וְהֶעָשָׁן
נִשְׁאֲרוּ בִּי, וְעַמּוּדֵי אֵשׁ וְעַמּוּדֵי עָשָׁן מַרְאִים לִי
אֶת הַדֶּרֶךְ בַּלַּיְלָה וּבַיּוֹם, וְנִשְׁאַר בִּי הַחִפּוּשׂ הַמְטֹרָף
אַחַר יְצִיאוֹת הַחֵרוּם וְאַחַר הַמְּקוֹמוֹת הָרַכִּים,
אַחַר עֶרְוַת הָאָרֶץ לְהִמָּלֵט לְתוֹךְ הַחֻלְשָׁה
וּלְתוֹךְ הַתִּקְוָה וְנִשְׁאֲרָה בִּי תַּאֲוַת הַחִפּוּשׂ
אַחַר מַיִם חַיִּים בְּדִבּוּר שָׁקֵט אֶל הַסֶּלַע וּבְמַכּוֹת טֵרוּף.
אַחַר־כָּךְ שְׁתִיקָה בְּלִי שְׁאֵלוֹת וּבְלִי תְּשׁוּבוֹת.
הַהִיסְטוֹרְיָה הַיְּהוּדִית וְהַהִיסְטוֹרְיָה הָעוֹלָמִית
טוֹחֲנוֹת אוֹתִי בֵּינֵיהֶן, לִפְעָמִים עַד דַּק
כִּשְׁתֵּי אַבְנֵי רֵחַיִם, וּשְׁנַת הַשֶּׁמֶשׁ וּשְׁנַת הַיָּרֵחַ
מַקְדִּימוֹת זוֹ אֶת זוֹ אוֹ מְפַגְּרוֹת זוֹ אַחַר זוֹ
וְקוֹפְצוֹת וְנוֹתְנוֹת תְּנוּעָה מַתְמֶדֶת לְחַיַּי
וַאֲנִי לִפְעָמִים נוֹפֵל בָּרֶוַח שֶׁבֵּינֵיהֶן
לְהִתְחַבֵּא בּוֹ אוֹ לִשְׁקֹעַ.

Je n'étais pas l'un des six millions
de morts de la Shoah pas même l'un des rescapés
ni l'un des soixante dix mille de la sortie d'Egypte
mais je suis arrivé sur la Terre promise par la mer,
je n'étais pas de ceux-là mais le feu et la fumée
sont restés en moi, et les colonnes de feu et de fumée
me montrent
le chemin jour et nuit. Je suis toujours en quête désespérée
de la sortie de secours et des endroits doux,
de la nudité de la terre pour fuir dans la faiblesse
et dans l'espoir. Il me reste le désir de puiser
l'eau de la vie dans la parole muette du rocher
et la confusion.
Puis c'est le silence sans question ni réponse.
L'histoire juive et l'histoire mondiale
sont une meule qui me broie parfois
jusqu'à la farine ; tantôt l'année solaire anticipe sur
l'année lunaire, tantôt elle la retarde.
Elles bondissent et donnent un mouvement perpétuel à ma vie
mais je tombe parfois dans l'intervalle qui les sépare
pour me cacher ou pour sombrer.

חַיַּי הֵם הַגַּנָּן שֶׁל גּוּפִי. הַמֹּחַ חֲמָמָה סְגוּרָה הֵיטֵב
וּבוֹ פְּרָחִים וּצְמָחִים זָרִים וּמוּזָרִים עִם רְגִישׁוּת וְחֶרְדַּת כִּלָּיוֹן.
הַפָּנִים גַּן צָרְפָתִי מְתֻכְנָן עִם צוּרוֹת מְדֻיָּקוֹת וְכִכָּרוֹת
רְצוּפוֹת שַׁיִשׁ וּפְסָלִים וּמְקוֹמוֹת לָנוּחַ וּמְקוֹמוֹת לְמַשֵּׁשׁ וּלְהָרִיחַ
וּלְהַשְׁקִיף וְלֶאֱבֹד בְּמָבוֹךְ יָרֹק וּשְׁבִילִים, וְלֹא לִדְרֹךְ וְלֹא לִקְטֹף.
הַגּוּף הָעֶלְיוֹן מֵעַל לַטַּבּוּר פֶּרֶק אַנְגְּלִי מַעֲמִיד פְּנֵי חֹפֶשׁ
בְּלִי זָוִיּוֹת בְּלִי רִצּוּף, דִּמּוּי טֶבַע וְדִמּוּי אָדָם, כְּצַלְמֵנוּ, כִּדְמוּתֵנוּ,
וּמִתְחַבֵּר בִּזְרוֹעוֹתָיו לַלַּיְלָה הַגָּדוֹל סָבִיב.

וְגוּפִי הַתַּחְתּוֹן, מִתַּחַת לַטַּבּוּר, לִפְעָמִים שְׁמוּרַת טֶבַע
פְּרוּעָה וְנוֹרָאָה וְנִפְלָאָה, שְׁמוּרָה וְלֹא שְׁמוּרָה,
וְלִפְעָמִים גַּן יַפָּנִי מְרֻכָּז מָלֵא מַחֲשָׁבָה תְּחִלָּה וְסוֹף מַעֲשֶׂה,
הָאֲשָׁכִים וְאֵיבְרֵי אֲבָנִים מְשֻׁיָּפוֹת וַחֲלָקוֹת עִם צִמְחִיָּה
אֲפֵלָה בֵּינֵיהֶן וּשְׁבִילִים מְדֻיָּקִים מְלֵאֵי מַשְׁמָעוּת
וְהָגוּת רְגוּעָה. וּמִצְווֹת אָבִי וְצִוּוּיֵי אִמִּי
הֵם צִפּוֹרֵי צִיּוּץ וָשִׁיר. וְהָאִשָּׁה שֶׁאֲנִי אוֹהֵב
הִיא עוֹנוֹת וּמִזְגֵי הָאֲוִיר וְהַיְלָדִים הַמְשַׂחֲקִים
הֵם יְלָדַי. וְהַחַיִּים הֵם חַיַּי.

Ma vie est le jardinier de mon corps. Mon cerveau une
serre bien fermée
avec des fleurs et des plantes étranges et étrangères,
sensibles et impatientes.
Le visage un jardin français dessiné de formes précises et
de rond-points
pavés de marbre et de sculptures, de lieux de repos,
toucher, sentir, regarder
et se perdre dans un labyrinthe vert de sentiers: ne pas
piétiner, ne pas cueillir.
Le corps supérieur au-dessus du nombril est un parc anglais
qui a un air de liberté
sans angles ni dallage, semblable à la nature et à l'homme,
fait à notre image,
ses mains le rattachent à la grande nuit autour.
Mon corps inférieur, sous le nombril, est tantôt
une réserve naturelle
terrible, sauvage et merveilleuse, préservée mais non conservée,
tantôt un jardin japonais concentré d'arrière-pensée et
d'actes posés,
les testicules et les membres de pierre polie, une végétation
sombre au milieu et des sentiers précis pleins de sens
et d'apaisement. Et les commandements de mon père et
les ordres de ma mère
sont chant d'oiseaux et chanson. Et la femme que j'aime
est multiple saison et temps, et les enfants qui jouent
sont mes enfants. Et cette vie est la mienne.

פּוֹל צֶלַאן, לִקְרַאת הַסּוֹף הִתְמַעֲטוּ בְּךָ הַמִּלִּים
וְכָל מִלָּה נֶעֶשְׂתָה כְּבֵדָה כָּל־כָּךְ בְּגוּפְךָ
עַד שֶׁאֱלֹהִים הִנִּיחַ אוֹתְךָ כְּמַשָּׂא כָּבֵד,
אוּלַי רַק לְרֶגַע, כְּדֵי לְהִתְנַשֵּׁף וְלִמְחוֹת זֵעָה.
אַחַר־כָּךְ הִשְׁאִיר אוֹתְךָ וְהֵרִים מַשָּׂא קַל יוֹתֵר,
מְשׁוֹרֵר אַחֵר. אֲבָל הַבּוּעוֹת הָאַחֲרוֹנוֹת
שֶׁעָלוּ מִתּוֹךְ פִּיךָ הַטּוֹבֵעַ הָיוּ
הָרִכּוּז הָאַחֲרוֹן, הַתַּרְכִּיז הַקַּל
שֶׁל כֹּבֶד חַיֶּיךָ.

Paul Celan, vers la fin les mots sont devenus rares
chaque mot est devenu tellement lourd pour ton corps
que Dieu t'a laissé comme un poids pesant,
un petit instant, pour souffler et essuyer la sueur.
Puis il t'a laissé pour lever un poids plus léger,
un autre poète. Mais les dernières bulles
qui ont remonté de ta bouche noyée étaient
le dernier concentré, l'essence légère
de la pesanteur de ta vie.

יְרוּשָׁלַיִם תָּמִיד מְשַׁנָּה אֶת טַעְמָהּ, כְּמוֹ דָּוִד הַמֶּלֶךְ
שֶׁגַּם הוּא שִׁנָּה אֶת טַעְמוֹ וְהֶעֱמִיד פְּנֵי מְשֻׁגָּע כְּדֵי לְהִנָּצֵל מִמָּוֶת.
הַמֵּתִים מַעֲמִידִים פְּנֵי קָמִים לִתְחִיָּה, וְהַחַיִּים פְּנֵי מֵתִים,
הַשָּׁלוֹם לוֹבֵשׁ מַסֶּכֶת מִלְחָמָה מַפְחִידָה וְהַמִּלְחָמָה
מְשַׁנָּה אֶת טַעְמָהּ לְשָׁלוֹם. וַאֲנַחְנוּ הַיּוֹשְׁבִים בָּהּ מֻצָּגִים
בְּחַלּוֹנוֹת הָרַאֲוָה שֶׁל הַהִיסְטוֹרְיָה בִּלְבוּשִׁים מְשֻׁנִּים
וּבִתְנוּעוֹת גּוּף קְפוּאוֹת וּבְהַבָּעָה שְׁמֵימִית עַל פָּנֵינוּ,
לַצַּלָּמִים וְלַתַּיָּרִים וּלְמַלְאֲכֵי עֶלְיוֹן. וְכָל־כָּךְ רָצִינוּ
לְהִשְׁתּוֹלֵל בְּמַחְסָנִים אֲפֵלִים וּבִפְרָאוּת שְׂמֵחָה
"עֲרֻמִּים וְלֹא יִתְבּוֹשָׁשׁוּ" כְּמוֹ בְּגַן עֵדֶן.
וְהַקְּדוֹשִׁים שֶׁעָלוּ הַשָּׁמַיְמָה בֶּעָבָר הָרָחוֹק
וְהָאַסְטְרוֹנָאוּטִים שֶׁיַּעֲלוּ מִתּוֹכָהּ בֶּעָתִיד הָרָחוֹק
כְּמוֹ בּוֹרְחִים מִמֶּנָּה לַמְּרוֹמִים, כִּי בְּהַשְׁוָאָה
לִירוּשָׁלַיִם גַּם הֶחָלָל שֶׁל אֵין־סוֹף
הוּא בָּטוּחַ יוֹתֵר, וּמוּגָן יוֹתֵר, כְּמוֹ בַּיִת אֲמִתִּי.

Jérusalem change toujours de goût, comme le roi David
qui changeait aussi de goût et de visage pour échapper
à la mort.
Les morts veulent ressembler aux ressuscités, et les vivants
aux morts,
la paix porte un masque de guerre effrayant et la guerre
change de goût pour la paix. Et nous qui sommes dedans
c'est en d'étranges costumes, le corps figé, une expression
céleste sur le visage
qu'on nous montre dans la vitrine de l'histoire
aux pèlerins, aux touristes et aux anges suprêmes. Nous
voulions tellement
faire les fous de joie dans les boutiques sombres
« nus et sans honte » comme au jardin d'Eden.
Et les saints qui sont montés au ciel dans le lointain passé
et les astronautes qui monteront dans le futur lointain
comme s'ils la fuyaient pour les hauteurs, car comparé
à Jérusalem l'espace aussi est infini
il est plus sûr, plus protecteur, comme une véritable maison.

יְרוּשָׁלַיִם יוֹשֶׁבֶת יְשִׁיבַת אֲבֵלִים, הִיא יוֹשֶׁבֶת שִׁבְעָה
וּמְבַקְּרִים וּמְנַחֲמִים לֹא יִתְּנוּ לָהּ מְנוּחָה, יוֹם וָלַיִל,
וּבְרֹב טוּב טַעְמָם לֹא יַזְכִּירוּ אֶת הַמֵּת וְאֶת חַיָּיו,
וְרַבָּם יְשׂוֹחֲחוּ אִתָּהּ עַל עִנְיְנֵי הָעוֹלָם וְעַל הַיּוֹם־יוֹם.
וּמֵרֹב תְּכוּנָה אֵין לָהּ זְמַן לְהִתְאַבֵּל,
וְהִיא עוֹד לֹא הֵבִינָה שֶׁהִיא בְּעַצְמָהּ גַּם הַמֵּתָה
וְגַם הַמִּתְאַבֶּלֶת. וְלֹא יִתְּנוּ לָהּ לָשֶׁבֶת לְבַד.
אֲבָל הִיא שׁוֹמֶרֶת עַל בָּתֵּי הַתְּפִלָּה הַיְשָׁנִים,
כְּמוֹ אֵם שֶׁשּׁוֹמֶרֶת עַל הַחֶדֶר שֶׁל בְּנָהּ שֶׁנָּפַל בַּמִּלְחָמָה
וְלֹא תְּשַׁנֶּה בּוֹ מְאוּם וְלֹא תִּפְתַּח אֶת הַוִּילוֹן.

Quand Jérusalem est en deuil, visiteurs et consolateurs
ne lui laissent pas un jour et une nuit de répit,
pour comble de bon goût ils n'évoquent ni le mort ni sa vie,
mais l'entretiennent des affaires du monde et du jour.
Au comble de ses préparatifs elle n'a pas le temps
de porter le deuil,
elle n'a pas encore compris qu'elle est à la fois la morte
et celle qui porte le deuil. On ne la laissera pas s'asseoir
seule.
Mais elle garde les anciens lieux de prière,
comme une mère garde la chambre d'un fils tombé
à la guerre :
elle n'y changera rien, elle n'ouvrira pas le rideau.

יְרוּשָׁלַיִם הִיא כְּמוֹ הָעִיר אַטְלַנְטִיס שֶׁטָּבְעָה בַּיָּם.
הַכֹּל טָבַע בָּהּ וְשָׁקַע בָּהּ. זוֹ יְרוּשָׁלַיִם שֶׁל מַטָּה
מִן הַמַּטָּה. וּמִן הַקַּרְקָעִית מַעֲלִים כְּתָלִים חֲרֵבִים
וְשִׁבְרֵי דָּתוֹת, כְּמוֹ כֵּלִים מֵאֳנִיּוֹת נְבוּאָה שֶׁטָּבְעוּ,
מְכַסֵּי חֲלֻדָּה. זוֹ לֹא חֲלֻדָּה, זֶה דָּם שֶׁלֹּא יָבֵשׁ מֵעוֹלָם.
וְכַדִּים מְכֻסֵּי אַצּוֹת וְאַלְמֻגִּים שֶׁל זְמַן וְזַעַם הַזְּמַן,
וּמַטְבְּעוֹת שֶׁל יָמִים שֶׁהָיוּ, עָבָר עוֹבֵר לַסּוֹחֵר.
אֲבָל יֵשׁ בָּהּ גַּם זִכְרוֹנוֹת צְעִירִים מְאֹד
זִכְרוֹן אַהֲבָה מִן הַלַּיְלָה הַקּוֹדֵם, זִכְרוֹנוֹת שְׁקוּפִים
וּזְרִיזִים כְּמוֹ דְּגֵי יֹפִי מֻעֲלִים בְּרֶשֶׁת, מְפַזְּזִים וְקוֹפְצִים.
בּוֹאוּ, נַחֲזִיר אוֹתָם לְתוֹךְ יְרוּשָׁלַיִם!

Jérusalem est comme une Atlantide disparue en mer.
Tout a disparu en elle, tout a sombré. C'est la Jérusalem d'en-bas
du bas. Et du fin fond remontent des murs détruits
et des restes de religions, comme les vaisseaux naufragés de la prophétie,
couverts de rouille. Ce n'est pas de la rouille, mais le sang qui n'a jamais séché.
Amphores remplies d'algues et de coraux du temps et de fureur du temps,
pièces de monnaie des jours anciens : le passé passe aux marchands.
Mais elle a aussi des souvenirs très jeunes
souvenirs d'amour de nuit passée, transparents
et lestes comme de jolis poissons qui montent au filet en frétillant.
Venez, rejetons-les dans Jérusalem !

יְרוּשָׁלַיִם הִיא קָרוּסֶלָה מִסְתּוֹבֶבֶת וּמִסְתּוֹבֶבֶת
מִן הָעִיר הָעַתִּיקָה דֶּרֶךְ כָּל הַשְּׁכוּנוֹת וְחוֹזֶרֶת לָעַתִּיקָה.
וְאִי־אֶפְשָׁר לָרֶדֶת מִמֶּנָּה. וּמִי שֶׁקּוֹפֵץ מִמֶּנָּה מְסַכֵּן אֶת חַיָּיו

וּמִי שֶׁיּוֹרֵד מִמֶּנָּה בְּתֹם הַסִּבּוּבִים חַיָּב לְשַׁלֵּם שׁוּב
כְּדֵי לַעֲלוֹת עָלֶיהָ לַסִּבּוּבִים שֶׁאֵין לָהֶם סוֹף.
וּבִמְקוֹם פִּילִים וְסוּסִים צִבְעוֹנִיִּים לִרְכֹּב עֲלֵיהֶם
יֵשׁ דָּתוֹת שֶׁעוֹלוֹת וְיוֹרְדוֹת וְגַם מִסְתּוֹבְבוֹת
עַל צִירָן לְקוֹל מַנְגִּינוֹת מְשֻׁמָּנוֹת מִבָּתֵּי הַתְּפִלָּה.
יְרוּשָׁלַיִם הִיא נַדְנֵדָה: לִפְעָמִים אֲנִי יוֹרֵד
לְתוֹךְ הַדּוֹרוֹת שֶׁהָיוּ וְלִפְעָמִים אֲנִי עוֹלֶה לַשָּׁמַיִם, וְאָז
אֲנִי צוֹעֵק כְּמוֹ יֶלֶד צוֹעֵק וְרַגְלָיו מִתְנַדְנְדוֹת בַּמְּרוֹמִים,
אֲנִי רוֹצֶה לָרֶדֶת, אַבָּא, אֲנִי רוֹצֶה לָרֶדֶת,
אַבָּא, תּוֹרִיד אוֹתִי.
וְכָל הַקְּדוֹשִׁים עוֹלִים כָּךְ לַשָּׁמַיִם
וְהֵם כְּמוֹ יֶלֶד צוֹעֵק, אַבָּא אֲנִי רוֹצֶה לְהִשָּׁאֵר לְמַעְלָה,
אַבָּא, אַל תּוֹרִיד אוֹתִי, אָבִינוּ מַלְכֵּנוּ,
תַּשְׁאִיר אוֹתָנוּ לְמַעְלָה, אָבִינוּ מַלְכֵּנוּ!

Jérusalem est un manège qui tourne et virevolte
autour de la ville ancienne et de tous ses quartiers pour
revenir à l'ancienne.
Il est impossible de descendre. Qui saute en marche risque
sa vie
qui descend à la fin doit repayer
pour refaire d'autres tours qui n'ont pas de fin.
À la place des éléphants et des chevaux de bois multicolores
il y a des religions qui montent et qui descendent et qui
tournent aussi
autour de leur axe sur la musique huilée des maisons
de prière.
Jérusalem: une balançoire. Parfois je monte au ciel, je crie
comme un enfant dont les jambes se balancent
dans les hauteurs,
je veux descendre, papa, je veux descendre,
laisse-moi descendre.
Et tous les saints montent ainsi au ciel
comme un enfant crie : papa, je veux rester là-haut,
ne me redescends pas, notre père notre roi.
Laisse-nous là-haut, notre père notre roi !

בִּירוּשָׁלַיִם הַכֹּל סְמָלִים, אֲפִלּוּ שְׁנֵי אוֹהֲבִים בָּהּ
יִהְיוּ סֵמֶל, כְּמוֹ הָאַרְיֵה, כְּמוֹ כִּפַּת הַזָּהָב כְּמוֹ הַשְּׁעָרִים.
לִפְעָמִים הֵם אוֹהֲבִים עַל סִמְלִיּוּת רַכָּה מִדַּי
וְלִפְעָמִים הַסְּמָלִים קָשִׁים כָּאֶבֶן וְחַדִּים כְּמַסְמְרִים.
לָכֵן הֵם אוֹהֲבִים עַל מִזְרָן שֶׁל תַּרְיַ"ג קְפִיצִים
כְּמִסְפַּר הַמִּצְווֹת, מִצְווֹת עֲשֵׂה וְלֹא תַּעֲשֶׂה,
עֲשִׂי וְלֹא תַּעֲשִׂי, וְזֶה טוֹב לָאַהֲבָה
וּלְתַעֲנוּגֶיהָ. וְהֵם מְדַבְּרִים בְּקוֹלוֹת פַּעֲמוֹנִים
וּבִילְלוֹת מוּאֶזִין וּלְיַד מִטָּתָם נַעֲלַיִם רֵיקוֹת
כְּמוֹ עַל פֶּתַח מִסְגָּד. וְעַל מְזוּזַת בֵּיתָם כָּתוּב:
"וַאֲהַבְתֶּם בְּכָל לְבַבְכֶם וּבְכָל נַפְשְׁכֶם"

À Jérusalem tout est symbole, même deux amants
comme le lion, ou le dôme doré et les portes.
Tantôt les symboles sont trop mous pour s'aimer
tantôt durs comme la pierre, piquants comme des clous.
C'est pourquoi on s'aime sur un matelas de 613 ressorts
comme le nombre des commandements prescrits :
fais, ne fais pas, c'est bon pour l'amour
et ses plaisirs. On parle au son des cloches
et des cris du muezzin, près du lit les chaussures sont vides
comme à l'entrée d'une mosquée.
Et sur le montant de la porte est écrit :
Vous aimerez de tout votre cœur et de toute votre âme.

לָמָּה יְרוּשָׁלַיִם. לָמָּה לֹא בָּבֶל עִם מִגְדַּל בָּבֶל וְשָׂפוֹת רַבּוֹת,
לָמָּה לֹא פֶּטֶרְבּוּרְג עִם מִסְתּוֹרֵי
לֵילוֹת לְבָנִים כְּבִגְדֵי כֹּהֵן
עִם שִׁנּוּיֵי שְׁמָהּ סֶנְט פֶּטֶר סֶנְט לֶנִין.
לָמָּה לֹא רוֹמָא עִם הַקָּטַקוֹמְבּוֹת,
לָמָּה לֹא מֶכָּה עִם הָאֶבֶן הַשְּׁחוֹרָה,
לָמָּה לֹא וַנְקוּבֶר עִם דְּגֵי הַסַּלְמוֹן
שֶׁעוֹלִים אֵלֶיהָ מִן הַיָּם וְזוֹחֲלִים
עַל גְּחוֹנָם בְּמַעֲלֵה הָהָר הַקָּשֶׁה

Pourquoi Jérusalem. Et pas Babel avec sa tour
et ses langues innombrables,
pourquoi pas Saint-Petersbourg avec les mystères
de ses nuits aussi blanches que les vêtements du grand prêtre
Petersbourg aux noms changeants : Saint Peter Saint Lénine.
Pourquoi pas Rome et ses catacombes,
Pourquoi pas La Mecque et sa pierre noire,
pourquoi pas Vancouver et ses saumons
qui remontent l'océan en rampant
sur le ventre pour escalader une pénible montagne
comme des pèlerins, pénitents à nageoires et écailles,
qui meurent en touchant le sommet.

שְׁנֵי אוֹהֲבִים מְדַבְּרִים זֶה עִם זֶה בִּירוּשָׁלַיִם
בְּהִתְלַהֲבוּת שֶׁל מַדְרִיכֵי תַּיָּרִים וּמַצְבִּיעִים
וְנוֹגְעִים וּמַסְבִּירִים: אֵלֶּה עֵינֵי אָבִי שֶׁאַתְּ רוֹאָה
בְּפָנַי, אֵלֶּה הַיְרֵכַיִם הַחֲלָקוֹת שֶׁיָּרַשְׁתִּי מֵאֵם
רְחוֹקָה בִּימֵי הַבֵּינַיִם, זֶה קוֹלִי שֶׁהִגִּיעַ מִלִּפְנֵי
שְׁלֹשֶׁת אֲלָפִים שָׁנָה, זֶה צֶבַע עֵינַי, זֶה פְּסֵיפַס נַפְשִׁי,
וְאֵלֶּה שִׁכְבוֹת נַפְשִׁי. אֲנַחְנוּ מְקוֹמוֹת קְדוֹשִׁים.
וּבִמְעָרוֹת עַתִּיקוֹת אֶפְשָׁר לְהִסְתַּתֵּר וְלִכְתֹּב
מְגִלּוֹת גְּנוּזוֹת וְלִשְׁכַּב בָּהֶן בָּאֲפֵלָה.
פַּעַם רָאִיתִי בְּעֵין־כֶּרֶם בִּמְעָרָה זְנוּחָה
נוֹצוֹת שֶׁל תַּרְנְגוֹל וְשִׂמְלַת אִשָּׁה קְרוּעָה
וְקִנֵּאתִי קִנְאָה גְּדוֹלָה בָּחֲרִי אַף, כִּמְעַט כְּמוֹ בַּתָּנָ״ךְ.
וּבַחֲצַר בֵּית הַיְתוֹמִים בַּמִּנְזָר שֶׁלְּיַד הַמְּעָרָה
פִּתְאוֹם מְהוּמָה גְּדוֹלָה וְהִתְרוֹצְצוּת
שֶׁל יְלָדוֹת וּנְזִירוֹת, וְעֵז מְטֹרֶפֶת וּכְלָבִים נוֹבְחִים.
אַחַר־כָּךְ, דְּמָמָה וְחוֹמָה חוּמָה.

À Jérusalem deux amants qui se parlent
ont l'enthousiasme des guides : ils montrent du doigt,
touchent, expliquent: ce sont les yeux de mon père que tu vois
sur mon visage, ce sont les cuisses lisses dont j'ai hérité
d'une lointaine mère du Moyen-Âge, ma voix est celle d'il y a
trois mille ans, voici la couleur de mes yeux, la mosaïque
de mon âme,
ses couches géologiques. Nous sommes des lieux saints.
Et dans les grottes antiques on peut se cacher et écrire
des rouleaux secrets et s'y coucher dans le noir.
Quand j'ai vu dans une grotte oubliée d'Ein-Kerem
les plumes d'un coq et la robe déchirée d'une femme
une jalousie furieuse m'a pris, presque comme dans la Bible.
Et dans la cour de l'orphelinat à côté de la grotte
ce fut soudain le bruit et l'agitation des petites filles
et des religieuses du couvent, une chèvre folle,
des chiens qui aboient.
Puis le silence et un mur noir.

לִפְעָמִים יְרוּשָׁלַיִם הִיא עִיר שֶׁל סַכִּינִים,
וַאֲפִלּוּ הַתִּקְווֹת לְשָׁלוֹם הֵן חַדּוֹת לַחְתֹּךְ בַּמְּצִיאוּת
הַקָּשָׁה וְהֵן נַעֲשׂוֹת קֵהוֹת אוֹ נִשְׁבָּרוֹת.
פַּעֲמוֹנֵי הַכְּנֵסִיָּה מִשְׁתַּדְּלִים כָּל־כָּךְ לְהַשְׁמִיעַ קוֹל רָגוּעַ וְעָגֹל,
אֲבָל הֵם נַעֲשִׂים כְּבֵדִים, כְּמוֹ עֱלֵי שֶׁכּוֹתֵשׁ בְּמַרְגֵּמָה,

קוֹלוֹת כְּבֵדִים וַעֲמוּמִים וְרוֹמְסִים. וְהַחַזָּן
וְהַמּוּאֶזִּין רוֹצִים לְהַנְעִים בְּקוֹלָם
אֲבָל בַּסּוֹף מִתְפָּרֶצֶת הַיְלָלָה הַחַדָּה:
אֲדֹנָי אֱלֹהֵי כֻּלָּנוּ אֲדֹנָי אֶחָד,
אֶחָד, חַד, חַד, חַד.

Parfois Jérusalem est une ville de couteaux :
même les espoirs de paix sont affûtés pour trancher dans
la difficile réalité ils s'émoussent ou se cassent.
Les cloches des églises font tellement d'efforts de paix,
qu'elles deviennent lourdes, comme un pilon qui broie
dans le mortier
des voix lourdes, graves et remuantes. Et lorsque
le chantre et le muezzin entonnent leur chant
surgit le cri tranchant :
notre seigneur notre Dieu à tous est un Dieu
un et affûté.

יֵשׁ יוֹם שֶׁהַכֹּל אוֹמְרִים בּוֹ, אֲנִי הָיִיתִי שָׁם
אֲנִי מוּכָן לְהָעִיד, עָמַדְתִּי בְּמֶרְחָק קָטָן מִן הַתְּאוּנָה,
מִן הַפְּצָצָה, מִן הַצְּלִיבָה, כִּמְעַט נִפְגַּעְתִּי, כִּמְעַט נִצְלַבְתִּי,
רָאִיתִי אֶת פְּנֵי הֶחָתָן וְהַכַּלָּה בְּחֻפָּתָם, כִּמְעַט שָׂמַחְתִּי,
הָיִיתִי מֵצִיץ שֶׁל מִשְׁכַּב דָּוִד עִם בַּת־שֶׁבַע, בְּמִקְרֶה
הָיִיתִי עַל הַגַּג, תִּקַּנְתִּי צִנּוֹרוֹת, הוֹרַדְתִּי דֶּגֶל.
רָאִיתִי בְּמוֹ־עֵינַי אֶת נֵס הַשֶּׁמֶן בַּמִּקְדָּשׁ,
רָאִיתִי אֶת הַגֶּנֶרָל אַלֶנְבִּי נִכְנָס לְשַׁעַר יָפוֹ,
רָאִיתִי אֶת הָאֱלֹהִים.
וְיֵשׁ יוֹם שֶׁהַכֹּל בּוֹ אַלִיבִּי: לֹא הָיִיתִי, לֹא שָׁמַעְתִּי,
רַק שָׁמַעְתִּי נֶפֶץ מֵרָחוֹק וּבָרַחְתִּי, רָאִיתִי עָשָׁן, אֲבָל
קָרָאתִי עִתּוֹן. שֶׁהָיִיתִי בְּמָקוֹם אַחֵר.
לֹא רָאִיתִי אֶת הָאֱלֹהִים. יֵשׁ לִי עֵדִים.
וֵאלֹהֵי יְרוּשָׁלַיִם הוּא אֵל אַלִיבִּי נִצְחִי,
לֹא הָיָה שָׁם לֹא רָאָה לֹא שָׁמַע
הָיָה בְּמָקוֹם אַחֵר. הָיָה מָקוֹם, הָיָה אַחֵר.

Il y a des jours où tout le monde dit : j'y étais
je peux témoigner, j'étais tout près de l'accident,
de l'explosion, de la crucifixion, j'ai été presque blessé,
presque crucifié,
j'ai vu les mariés sous le dais nuptial, j'étais presque heureux,
j'ai espionné la couche de David et de Batsheva, par hasard
je me trouvais sur le toit, je réparais des tuyaux,
je baissais un drapeau,
j'ai vu de mes yeux le miracle de l'huile se rallumer
dans le Temple,
j'ai vu le général Allenby entrer par la porte de Jaffa,
j'ai vu Dieu.
Et il y a des jours où tout est alibi : je n'y étais pas,
je n'ai pas entendu,
seulement une explosion lointaine, et je me suis enfui,
j'ai vu de la fumée,
mais je lisais le journal. J'étais ailleurs.
Je n'ai pas vu Dieu. J'ai des témoins.
Et le Dieu de Jérusalem est un Dieu d'alibi éternel :
il n'y était pas, il n'a rien vu, rien entendu
il était ailleurs. Il est le Lieu. D'ailleurs.

לִמַּדְתִּי אוֹתָם לָלֶכֶת וְעַכְשָׁו הֵם הוֹלְכִים מִמֶּנִּי
לִמַּדְתִּי אוֹתָם לְדַבֵּר אֶל הָעוֹלָם
וְעַכְשָׁו הֵם מְלַמְּדִים אוֹתִי לְדַבֵּר אֶל לִבִּי,
לִמַּדְתִּי אוֹתָם אֵיךְ לִישֹׁן וּבְעַצְמִי לָמַדְתִּי לִהְיוֹת עֵר בַּלַּיְלָה.
אֲנִי גָּמָל עִם דַּבֶּשֶׁת שֶׁל רְגָשׁוֹת אֲנִי דֹּב דְּאָגוֹת. הַדְּאָגוֹת
שְׁמוּרוֹת בִּי בְּשִׁכְבַת שֻׁמָּן וּשְׂעָרוֹת. אֲנִי קֶנְגוּרוּ
שֶׁשַּׂקּוֹ הִתְרוֹקֵן. עַל נַפְשִׁי מָקוֹם מְסֻמָּן לִכְאֵב
כְּמוֹ בְּטֹפֶס מְסֻמָּן בְּקַו: לִתְלֹשׁ כָּאן וְלִשְׁלֹחַ.
רֹאשִׁי רֶחֶם וְלִבִּי מוּסָךְ וְיָדַי מְיֻתָּרוֹת.
שִׁנּוּיִים כָּאֵלֶּה קוֹרִים לִי מִזְּמַן לִזְמַן.
חִלּוּף תַּפְקִידִים, חִלּוּף מְקוֹמוֹת, חִלּוּף וְשִׁנּוּי,
אֲנִי מַמְחֶה לְגַעְגּוּעִים פְּרִיכִים
וְלִרְצוֹנוֹת קֵהִים. אִלּוּ הָיִיתִי מַלְאָךְ
הָיִיתִי מִתְעַיֵּף מִיָּד לָעוּף בִּכְנָפַי.

J'ai appris à mes enfants à marcher et maintenant ils me quittent
je leur ai appris à parler au monde
et maintenant ils m'apprennent à parler à mon cœur,
je leur ai appris à dormir et moi à rester éveillé la nuit.
Chameau j'ai la bosse des sentiments. Je suis un ours
des soucis. Les soucis
je les conserve sous une couche de graisse et de poils.
Je suis un kangourou
dont la poche s'est vidée. Sur mon âme un endroit réservé
à la douleur
comme sur les formulaires où on signale ce qu'il faut
découper et envoyer.
Ma tête est une matrice et mon cœur un garage et
mes mains inutiles.
De tels changements m'arrivent de temps en temps.
Échange de rôles, changement de lieux,
échange et changement,
je suis expert en regrets fragiles
et désirs volatiles. Si j'étais un ange
je me fatiguerais vite à voler de mes propres ailes.

פִּצְצַת הַזְּמַן הַיְּהוּדִית

עַל שֻׁלְחָנִי יֵשׁ אֶבֶן שֶׁחָרוּת עָלֶיהָ "אָמֵן", שֶׁבֶר אֶחָד
נִצּוֹל מֵאַלְפֵי רִבּוֹא שִׁבְרֵי מַצֵּבוֹת שְׁבוּרוֹת
בְּבָתֵּי קְבָרוֹת יְהוּדִיִּים. וַאֲנִי יוֹדֵעַ שֶׁכָּל הַשְּׁבָרִים הָאֵלֶּה
מְמַלְּאִים עַכְשָׁו אֶת פִּצְצַת הַזְּמַן הַיְּהוּדִית הַגְּדוֹלָה
עִם שְׁאָר שְׁבָרִים וּרְסִיסִים, שִׁבְרֵי לוּחוֹת הַבְּרִית
וְשִׁבְרֵי מִזְבְּחוֹת וְשִׁבְרֵי צְלָבִים וּמַסְמְרֵי צְלִיבָה חֲלוּדִים
עִם שִׁבְרֵי כְּלֵי בַּיִת וּכְלֵי קֹדֶשׁ וְשִׁבְרֵי עֲצָמוֹת,
וְנַעֲלַיִם וּמִשְׁקָפַיִם וְאֵיבָרִים מְלָאכוּתִיִּים וְשִׁנַּיִם תּוֹתָבוֹת
וְקֻפְסוֹת פַּח רֵיקוֹת שֶׁל רַעַל מַשְׁמִיד. כָּל אֵלֶּה
מְמַלְּאִים אֶת פִּצְצַת הַזְּמַן הַיְּהוּדִית עַד אַחֲרִית הַיָּמִים,
וְאַף־עַל־פִּי שֶׁאֲנִי יוֹדֵעַ עַל כָּל אֵלֶּה וְעַל אַחֲרִית הַיָּמִים
הָאֶבֶן הַזֹּאת עַל שֻׁלְחָנִי נוֹתֶנֶת לִי שַׁלְוָה
הִיא אֶבֶן אֱמֶת שֶׁלֹּא יִהְיוּ לָהּ הוֹפְכִין,
אֶבֶן חֲכָמָה מִכָּל אַבְנֵי חֲכָמִים, אֶבֶן מִמַּצֵּבָה שְׁבוּרָה
וְהִיא שְׁלֵמָה מִכָּל שְׁלֵמוּת.
אֶבֶן עֵדוּת עַל כָּל הַדְּבָרִים שֶׁהָיוּ מֵעוֹלָם
וְעַל כָּל הַדְּבָרִים שֶׁיִּהְיוּ לְעוֹלָם, אֶבֶן אָמֵן וְאַהֲבָה.
אָמֵן, אָמֵן וְכֵן יְהִי רָצוֹן.

La bombe juive du temps

Sur ma table une pierre sur laquelle est gravé « Amen »,
fragment
rescapé des dizaines de milliers de pierres tombales brisées
dans les cimetières juifs. Je sais que tous ces débris
remplissent maintenant la grande bombe juive du temps
avec d'autres restes : débris de Tables de la Loi
et d'autels, de croix et de clous rouillés de crucifixion
et d'autres restes encore : outils de cuisine et outils sacrés,
ossements,
chaussures et lunettes, membres artificiels et fausses dents,
flacons vides de poison exterminateur. Tous
remplissent la bombe juive du temps jusqu'à la fin des jours.
Et même si je sais tout d'elle et sur la fin des jours
cette pierre sur ma table me donne la paix
elle est une pierre de vérité qui ne sera pas contestée
pierre plus sage que la pierre philosophale, débris de tombe
elle est parfaite de perfection.
Témoin de tout ce qui a eu lieu
et de tout ce qui aura lieu à jamais : amen et amour.
Amen, que soit faite ta volonté.

Notices biographiques

Yehuda Amichaï est né à Würzbourg (Allemagne) en 1924. Il émigre en Palestine avec sa famille en 1936 et s'installe à Jérusalem, où il réside jusqu'à sa disparition en 2000. Il s'engage dans l'armée britannique pendant la Seconde Guerre mondiale, puis participe à la guerre d'Indépendance. Sa poésie, traduite dans plus de vingt langues, a trouvé des milliers de lecteurs dans son pays. Il est l'auteur de romans, de nouvelles (cf. *Les morts de mon père et autres nouvelles,* éditions de l'Éclat, 2002) et de pièces de théâtre. En 1982, il a reçu le Prix Israël de Littérature pour l'ensemble de son œuvre. Une première anthologie poétique (*Poèmes*), traduite et présentée par Michel Eckhard Elial, a paru en 1985 aux éditions Actes-Sud. Depuis plusieurs autres volumes ont été traduits en français: *Poèmes de Jérusalem* (trad. Michel Eckhard Elial, Editions de l'éclat, 1991), *Anthologie personnelle* (trad. Emmanuel Mosès, Actes Sud, 1992), *Perdu dans la grâce* (trad. Emmanuel Mosès, Gallimard, 2006).

Michel Eckhard Elial dirige la revue *Levant, Cahiers de l'espace méditerranéen.* Il a traduit et présenté de nombreux poètes et prosateurs israéliens en volumes ou en revues: *Yossef Haïm Brenner (Nerfs,* Intertextes, 1989), Aaron Shabtaï (*Le poème domestique.* [1987]; *Première lecture* [1991], éditions de l'Éclat); David Vogel (*Avec vue sur la mer,* 1988; *La vie conjugale*, 1992, Actes-Sud, Arles); Miron C. Izakson (*Les femmes de Nathan*, 2001; *Nés en Israel,* 2004, éditions Stavit); Naïm Araydi (*Une fête pour les choses tristes,* 2005, édition Levant) ainsi que David Avidan, Amos Oz, A. B. Yehoshua, etc.

Table

Ouvert fermé ouvert

Akhziv

Ouvert fermé ouvert (*suite*)

Dans la même collection

Yéhuda Amichaï
Poèmes de Jérusalem
Les morts de mon père et autres nouvelles

Hélène Bezençon
Berlin, mémoire pendant les travaux

Patricia Farazzi
L'esquive
Le voyage d'Héraclite
La porte peinte
La vie obscure
L'archipel vertical

Jacques Hassoun Abdelkebir Khatibi
Le même livre

Pierre Kahn
Le gribouilleur sur le cadastre

Georges Préli
La constellation
La saison du sphinx

Donatella Saulnier
Le serpent de mer

Aaron Shabtaï
Le poème domestique
Première lecture

Aldo Zargani
Pour violon seul. souvenirs d'enfance dans l'en-deçà 1939-1945

catalogue complet sur demande à
infos@lyber-eclat.net
ou sur
www.lyber-eclat.net

achevé d'imprimer sur les presses de l'imprimerie France Quercy, 46090 Mercuès, d'après montage et gravure numériques (computer to plate) dépôt légal: février 2008. numéro d'impression : 80036